“你‘孝’起来真好看”孝文化系列丛书

为孝传情

尺素、寸心与情怀

WEI XIAO CHUANQING

主　编◎张月朗　郭　滟
副主编◎刘　丹　张宝香

湘潭大学出版社
XIANGTAN UNIVERSITY PRESS

图书在版编目（CIP）数据

为孝传情 ：尺素、寸心与情怀 / 张月朗，郭滟主编；刘丹，张宝香副主编. -- 湘潭 ：湘潭大学出版社，2023.9
ISBN 978-7-5687-1178-4

Ⅰ. ①为… Ⅱ. ①张… ②郭… ③刘… ④张… Ⅲ. ①书信集－中国－当代 Ⅳ. ①I267.5

中国国家版本馆 CIP 数据核字（2023）第 143462 号

为孝传情 ：尺素、寸心与情怀

WEI XIAO CHUANQING : CHISU、CUNXIN YU QINGHUAI

张月朗 郭滟 主编

刘丹 张宝香 副主编

策划编辑： 蒋海文
责任编辑： 单 越
封面设计： 李 平
出版发行： 湘潭大学出版社
社　　址： 湖南省湘潭大学工程训练大楼
电　　话： 0731-58298960 0731-58298966（传真）
邮　　编： 411105
网　　址： http://press.xtu.edu.cn/
印　　刷： 长沙鸿和印务有限公司
经　　销： 湖南省新华书店
开　　本： 880 mm×1230 mm 1/32
印　　张： 6.375
字　　数： 148 千字
版　　次： 2023 年 9 月第 1 版
印　　次： 2023 年 9 月第 1 次印刷
书　　号： ISBN 978-7-5687-1178-4
定　　价： 32.00 元

“你‘孝’起来真好看”孝文化系列丛书

编委会

目　录

第一章

沧海一粟，却填补人生万象

韶华灼灼，浮生烈烈

林秋婕

亲爱的林秋婕：

展信佳！

我知道你一直很喜欢写信，也很喜欢收到来信。有一段关于信件的话我已经不记得是在哪里看到的了，但它一直在我的脑海里，大概就是说写信和读信都是人生的一大幸事，前者先甜蜜后痛苦，后者先痛苦后甜蜜，都是甜蜜与痛苦交织。我大概是享受这种感觉的，所以在高中那段并没有太多接触电子设备的时间里我频繁地给身边的人写信，但是给你的，这还是第一封。所以，请允许我的语无伦次。

我是知道你的。你生于南方、长于南方，而南方的水土却没有把你养成一个性格温婉的窈窕淑女。你的身材并不苗条，坚持减肥却还是微胖身材，相貌也并不出众，但性格乐观开朗，幽默有趣，总是能够很快地自我消化一些负面情绪。你的家境不错，父母给了你足够安稳的成长环境，你也很争气，一直都独立懂事，很少让家人操心。你的学习成绩一直名列前茅，从小到大都是老师口中的榜样，受到的教育让你成长为一个平和包容的人，不容易与人产生矛盾，总是能够与人友善地交往。

我是了解你的。你好像会的东西很多，但也说不上精通，好像总是半途而废。钢琴和素描学习了很多年但最终却没有坚持下来，培养爱好的计划也只是断断续续地进行。你好像总在追求量，却忽略了对质的重视。你似乎对朋友的要求很高，泛泛之交的朋友有很多，能够知心交底的朋友却始终只有那么几个，当然这样很好，你不需要花费很多精力去苦心经营一段关系，他们总是很快明白你的心思，和他们在一起你总是自在快乐的。

我是熟悉你的。你有时候会因为样貌和身材自卑，会因为别人的成绩和荣誉焦虑恐慌，会担心自己不如别人努力而被落下。虽然你不会把这些焦虑不安的情绪表现出来，但作为你最亲密的人，我是知道的。

所以下面这些话是我这么多年想要告诉你的,你要仔细听。

我希望你不要压抑自己的情绪，每一次委屈、每一次焦虑以及每一个自卑的时刻，我希望你都能够发泄出来。记得我曾经说过吗？每一次情绪的大崩溃都是这一点一滴没有被及时解决的小情绪积攒起来的。所以你一定要及时纾解自己的情绪，你总是会觉得跟别人诉说是种矫情的行为，没关系你可以写日记，或者发一条仅自己可见的朋友圈，不管怎么样你都需要找到一个自由的任你发泄的渠道，把这些坏情绪通通打包扔掉。

我希望你能保持自律，保持思考。在白天学习工作的时间里好好学习好好工作，夜里不要熬夜好好睡觉。好好生活，专注于提升自己，这才是终结焦虑的最好方式；我希望你能把你脑海里那些天马行空的想法转化为清晰的想法和简短的文字，去书写、去思考，提升自己的内涵和深度。想法、内容只有深化到你的境界和思想，才能永恒存在。

我希望你在每一次快乐和幸福来临的时候能稳稳地抓住并珍惜它。我更希望在失意时你不要放弃不要害怕。杨绛先生说过：“每个人都会有一段异常艰难的时光。生活的压力，工作的失意，学业的压力，爱的惶惶不可终日，挺过来的，人生就会豁然开朗，挺不过来的，时间也会教你怎样与它们握手言和，所以不必害怕。”你现在还在大学里安稳地上着学，虽然大学是一个小小的社会，但比起那些在社会上为生活奔波忙碌的人来说，你还只是一个待在象牙塔里偶尔探出头了解一些尘世生活疾苦的人。在这样一个乌托邦里，我希望你能尽早培养出强大的内心去面对一切困难，请你一直坚持，翻过所有的委屈心酸，推开暗壁，看看对面的蓝天。

你现在还只是一个大学生，你还年轻还有无限机遇，我希望你能不断充实自己，广泛地学习，全面地提升自己，把一切都做到最好，在这些机遇到来时凭借你的能力抓住它们。我希望你不再纠结过去，也不必过于期待未来，而是着眼于当下，漂亮地完成当下要做的每一件事，就像初中时候你最喜欢的老师送给你的那句话一样：“但行好事，莫问前程。”

对你的希望还有很多，希望你健康，希望你平安，希望你成熟稳重、善良优秀，希望你不再自卑焦虑，能坦荡地接受赞扬和夸奖，还有很多很多。但我还是最希望你成为一个快乐的人，永远对生活充满耐心和向往。

加油！我很期待未来的你。

祝

学习顺利，生活愉快

你忠实的自己：林秋婕

2021 年 12 月 11 日

青春无问西东

龙雨林

亲爱的我：

展信佳。

原谅我的冒昧,但我清楚地知道你有多久没有收到过来信，又有多久没有人称呼你为“亲爱的”。这是一封姗姗来迟的信，在这个你以前不以为意的二十岁，它毫无你期待的轰轰烈烈，有的只是在这平淡如水的日子里努力不使自己黯然无光的你。

内敛如你。我知道的，你对“内向”“文静”这些形容词早已司空见惯,这是从小到大所有初遇你的人给你贴上的标签，你似乎不大喜欢这些修饰，因为你自认为的外向从来只对你自己。于是你总是尝试着学会与他人搭话，学会如何在世事处理中变得圆滑，但是好像你最终还是屈服在了它们脚下。你还是不爱说话，你还是内心世界再波澜起伏表面仍平静如死水，你把自己包裹住，情绪化的念头总是被你及时把控，他人好像很难察觉到你的不堪、你的悲观，因为你已经尽力在把积极情绪传达出去。但是我想告诉你的是，多与他人交流你会体会到很多情感激荡出来的火花，在交流中，坏的会变好，好的会加倍变好。周围那么多温暖的朋友，那么多守护你的亲人，踽踽独行久了也请回头看看，情感的输入与输出能让你变得更完善，没有人比我更清楚寡言的你拥有一个多么丰富的内心世界，所以试着把它向他人打开吧。

感性如你。看电影落下的泪、听故事落下的泪、感伤世事落下的泪，这些滚烫的热泪从不掺一点虚假。你无法面对他人的痛苦，似乎这些悲痛已移情在了你身上，即使你自己的悲伤还未自渡，心里却仍有余地让位给他人的不幸。这是一颗共情力极强的心，它让你能够以仁爱、宽容的心面向这个处处沟壑的世界，这很好，但是偶尔过了头也会产生无边的困扰。年龄的增长使你见识到了人性多样面，你的世界观和人生观不断打碎又重建，感性强烈霸占你的头脑，于是你开始迷茫——为何活着？虚无和散漫曾经纠缠过你，但是后来你又靠自己把自己拉扯回了人世间。人生何处去是你经常思考的命题，好在如今你拥有了近景性目标，开始慢慢看清这个命题的真相，空中飘荡的灵魂也要学着在地上走走。我想告诉你的是，感性可以是你的优点，也可以是你的软肋，过度地陷入自我纠结和人性反思会让你脱离周遭的生活圈，可能会让你向失控的那一端坠落，所以给你感性的人生添加点理性吧，睿智和博识更能使你沉淀下来，你的世界不会是无聊的，只要你肯伸手去构筑你的未来。

倔强如你。你有时候很骄傲，守护着那微薄的优越感，你有时候很倔，坚持着自以为是的狂想。我是看得十分清楚的，你骨子里的争强好胜与不甘人下，所以你表面上不在乎成绩排名的角逐，背地里却永远不知疲倦般地努力。我知道你因成绩的不理想曾心情阴郁而食欲减退，我也知道你在看清自己的浅陋后发奋图强。你太想看一看什么是更好的人生，你太想过一过你翘首以盼的理想生活，所以你小心翼翼地保护着自己的自尊，在主动或被动的努力中你逐渐成长，我知道你在自我鞭笞下的酸楚，我知道你在克服惰性时的艰苦，我知道每一个清晨和夜晚你隐隐发烫的好胜心。我依旧想对你说，既然你身上有割舍不掉的倔强，那就让这份倔强助你在每每放弃的边缘里阻挡住你的堕落，让你在以后将会遭遇的无数但未知的羁绊里仍能有勇往直前的气力。请你永远不要对自己感到绝望，在消极和积极的博弈里，我希望你可以坚定不移地选择后者，也请记得千万不要让你的倔强沾上偏狭，这会让你陷入嫉妒和冷漠的泥沼，这是我永远不想看到的结局。

矛盾如你，你是自信里携带着自卑、乐观里夹杂着悲观的矛盾体。从小到大你受过不少嘉奖，但似乎这些奖励的作用在慢慢衰退，因为你总是着眼于自己的缺点和短处，你在自知、冷静里一点点将自己的光环削弱，你紧盯着你够不到的地方，却忘了低头看看你双手拥有的一切，你习惯性地在给自己设置的坐标轴里负向延伸，致使你会时常表现出手足无措的不自信。可是与此同时，你又是知晓自己的优点的，你也并非觉得人生就是一场无药可救的苦役，这说明你的自信和乐观还在坚守，哪怕你现在未将他们放在绝对位置。我想告诉你的是没有绝对的好和绝对的坏，你该学会用辩证的眼光去审视你自己，自卑时看看自己的优点，骄傲时谨记自己的不完美，悲观时想想晨光熹微之后的灿烂，你不会永久置于无望的阴霾。

无论是怎样的你，都是真实、完整而又可爱的你，是二十年光阴流转铸造的你。二十年的悲欢倘若没有被荒废，那它们终将成为你以后人生的祷告，它们会是铺垫，会是祈愿。在不惑的年纪里，别人可能会对你说“你已经二十岁了”，可是我想对你说的是“你才二十岁”，你尽可以想你所想，做你所做，因为青春无问西东，岁月自成芳华。

愿你，顺遂。

龙雨林

2021 年 12 月 8 日

我是我自己的见证者

党磊科

亲爱的小科：

见字如面。最近过得还好吗？

早晨出门时天空灰蒙蒙的，淅淅沥沥的小雨洗涤着这个世界，我走在金黄的落叶铺成的道路中，伴着雨声吟唱，很是惬意放松，感到自己成了大自然美好的一部分。而现在，乌云占据了天空，阳光透过深重的云散射出来，为天空镶上了金边。我坐在书桌前，窗户开着，穿破云层的金线洒向房间，家里的狗"仙儿"不知何时已跑进了书房，现在正在与那金光玩耍，感受着这细致的温暖，我一字一句地为你写下这份迟到多年的信件。

昨天又出去打篮球了，是的，我还爱着篮球。你知道吗？我能坚持打篮球，不因为生活的琐碎而放弃，很大程度上都是因为你，因为你曾经对我说过这样一段话："我们要寻找自己所热爱的，并在这浮躁世界里潜心去守护这份浪漫。热爱是少数无法被毁灭的东西，热爱可抵岁月漫长。"从那以后，我就一直坚持打篮球了。那么你呢，你还在打篮球吗？还会像我们当初一起打球时那样，每次都在投篮时高高跳起，脚下扬起尘土，却仍然奋力向着天空，稳稳地将球送入网中吗？我想你应该会这样的。

记得多年以前，我们曾一起坐在三教的楼顶畅想未来。那时的你正值大三，因为升学与就业的选择困境而歇斯底里。白天你和我走在一起开怀大笑，而有好几个夜晚，我都听见了你的低语，我明白，你是在为自己的明天煎熬。那时的你总是不断地揭开自己的伤疤，回想着过去痛不欲生的日子，幻想着借过去的撕心裂肺让自己前进，去触碰那如海市蜃楼般的未来。我要向你道歉，因为那时的我太过于无知与幼稚，没能分担你的痛苦。而现在，我想对那时的你补上这一迟到的慰藉，“你要懂得，自然不造无用之物。因此，不要着急，天上的星星跨越了多少光年才能藏进人的眼眸，你又何必过于压迫自己，大三的你的一切都来得及。不要对现在的一切感到过度焦虑，不要妄想去勘破自己的未来，这个秘密只有在你努力之后才能打开,那时的你便看到了属于自己的那条路。那条路弯曲而坎坷，但它最终通向了你的应许之地，在那里，那个由你努力建构的自己终于没让你后悔。”我相信你，小科，你肯定已经成为想要成为的自己了吧。

你还在阅读吗？书香沁人，它也成为你的一种味道了吧。以前的你经常对我说，大学生活中最幸福的事情便是成功培养了自己的阅读爱好；你还总是向我称赞着中文系，说她是这个物欲横流的世界中的一股清流，说你在她的怀抱中感受到了人性的厚度，也增加了自己的深度。不瞒你说，我同你一样也深深地爱着阅读。直到现在，闲下来时，我也总是习惯阅读，即使这种阅读的力量不会立即显现，但我还是乐于阅读，正如加缪所说："应当想象西西弗是快乐的。"阅读便是这样，在那里，我创造了一部又一部的想象中的罗曼司；在那里，我的所学都成了我性格的一部分。我想你也一定会坚持阅读，因为你曾经说过："阅读给我力量，使我不再默默忍受命运暴虐的毒箭，而是挺身反抗人世间无涯的苦难，去创造属于我的人生。阅读也给我智慧，教给了我人生的准则：掊物质而张灵明，任个人而排众数。"你知道吗？受你的影响，这条准则现在也成为我的人生座右铭了。我想我和你都会是幸福的，因为我们将要在阅读这座避难所中度过我们的一生。

你完成自己"读万卷书，行万里路"的诺言了吗？有没有像自己喜欢的徐霞客那样，用双脚翻过三山五岳，走遍江湖河海；用眼睛看尽自然的春夏秋冬，日月星辰；用心灵去感受人生的乐趣，生活的酸甜。我已经走过了很多地方，带着我的狗，我们曾在长白山抚冬雪而叹，在九寨沟触秋叶而悲，在洪崖洞觉夏蝉而烦，在张家界感春风而喜。在离开校园的这些年来，我一直都在认真地生活着，在万里路中读万卷书，胸中亦脱去了尘浊。小科，你肯定也会像我这样生活，因为你真切地热爱着生活，但我还是要在这里为你献上我最诚挚的祝愿：愿你所想皆所得，能接住属于自己的光，从角落走出成为自己的太阳。愿你千帆历尽，归来仍是少年。愿你能活得恣意洒脱，做自己的主宰，在点点的人间烟火气中，抚慰那颗平凡之人的炽热的心，使它不惮于冷寂，使它能承受晦暗的凛冬而等待长明的星河。愿你有美好的灵魂，它不会随着你那美丽的外表一同衰谢。

愿你成为一个正义者，带着爱去工作、生活。

哦，对了，爸爸妈妈近来身体如何呢？记得大学中你曾说过，要让自己成为父母的骄傲，要用自己的努力让父母享受天伦之乐。你曾经不止一次地说起一件事，到现在它仍然刻在我的记忆中。你说自己刚出生时，便有人对母亲说这是一个“秀才”，父母老了可以享到福。你很喜欢说这句话的人，你也曾立誓要做反哺乌鸦，做到夏凉席，冬暖被。的确，孝顺是成人立身之本，《后汉书》有言：“夫孝，百行之冠，众善之始也。”我们赤裸裸地来到这个世界，在父母呵护下成人立业，如若我们使父母伤心，那么无论我们有多么显赫，我们也都只是一个卑劣的人。我相信你一定可以将他们照顾好的。永言孝思，思孝惟则。我肯定我们都能以自己的努力给父母幸福。

昨天晚上做了一个梦，梦中我见到了许久未曾再见的你。梦中，你正一个人站在湘大的三拱门下，一如往昔稚嫩的模样，好像是在等朋友。你好像看见我了，向我招了招手，我便快步走了过去，刚停下脚步站在你面前，你就说道：“我认识你。”说完你就拉起我的手向学校中走去，此时秋风刮得更紧了，落叶卷着沙尘在天地间飘荡。我和你低着头默默地向前赶路，牵着你的手，我感受到了别样的慰藉与幸福。突然，一脚踩空了，我跌落下去，却又猛然从床上弹坐起来，梦境在我的回忆中开始了重演。是啊，你当然应该认识我，因为我是未来的你，是你将要成为的那个自己。

小科，这封迟来的信写到这里就要结束了。记得要坚守着自己的初心去好好地成长。记得有人会在时间之流中注视着你，期待着遇见你的时刻。记得，你永远是你自己的见证者。

祝

平安喜乐，万事胜意

你的朋友：老科

2021 年 12 月 10 日

我希望你

李岚

亲爱的李岚：

你好！

马上十九岁了，心中肯定充满矛盾，一面是“我要热烈而自在地活着”，一面又“算了，躺平也行”。在当今时代，我的人生到底定位在哪一处坐标，小小的脑袋里总是大大的困惑。但是，我希望你能从这一刻开始，把心中的文字真正落到生活中，把青春融进祖国的山河。

首先，我希望你有梦想。你越来越不敢做梦了，你不敢想未来的生活：一边幻想自己出人头地又担心自己没有竞争力，一边希望自己默默奉献但害怕自己吃不了苦。什么时候开始，热爱不再是第一驱动力，收入和回报变成了放在首位的考量？我希望你有梦想，是希望你能遵从自己的内心，不要轻易因“南墙”而改变了方向。我希望你有梦想，是希望你能活出意义和价值，追求美好生活本身没有错，但那一句“达则兼济天下，穷则独善其身”你要始终记在心中并努力践行。

第二，我希望你敢奋斗。“一分耕耘一分收获”是可遇不可求的，“十分耕耘一分收获”才是常态。总有人抱怨“我们越来越难了”，那是因为我们这一代不愁吃、不愁穿，但我们想追求更好的，所以我们要付出更多的努力和奋斗才能过上想要的生活，才能实现中华民族伟大复兴的中国梦。不要畏难，不要害怕投入沉没，你还年轻，还有无限可能。

第三，我希望你能健康。那一句“身体是革命的本钱”不是口号喊出来的，是要行动做出来的。健康，永远是人生的“1”，财富、名誉等等都只能算作“1”后面的“0”，而我们人生的价值、国家的发展都依靠于“1”的强健才能实现。不只是身体健康，思想健康也同样重要，在勤锻炼的同时也要关注自己的情绪，才能以最饱满的姿态投入生活。

第四，我希望你找榜样。外表的光鲜不是成为榜样的理由，内在的精神才是值得学习的地方。当然，榜样的标准是多元的。明星可以吗？如果他表里如一、德艺双馨，这份敬业值得我们学习；普通人可以吗？一位保安自学多国语言考取雅思证书，这份好学值得我们发扬；失败者可以吗？项羽自刎乌江，可他的那份豪情和勇气永远值得我们敬佩。所有人都可以成为榜样，我希望你不仅要向他们学习，更要争取自我发展，成为别人的榜样！

写了这么多，你能看到你的未来吗？如果你拥有梦想、敢于拼搏、身心健康、争做榜样，那你的人生就如初升的太阳，永远朝气蓬勃、散发光芒。如果这个国家的青年也能拥有这些品质，那么中国就会和所有青年一样，可爱年轻，一步步地实现梦想。

青年、时代、国家，总是紧紧相连，构成最为坚固的三角形。我希望你明白，唯有时代容得下最大的梦想，唯有国家是你最强大的背景，唯有青年才是时代和国家最有生气的力量。我希望你，不唯众不唯上，敢做梦敢奋斗，成为这个国家、这个时代最好看的风景。

此致

敬礼！

李岚

2021 年 12 月 7 日

给自己的一封信

周俊

亲爱的自己：

您好！

一路走来，你我经历了许多，作诗《风》一首：

风带来故事的种子
时间使其发芽

冬天的风
吹落了花的凋零

敲打着床头的玻璃窗
破坏了被窝里的安宁
父母走上冰冷的火车
留给孩子的只有背影
失望的火炉不断悲鸣
灰烬的余烟也在叹息
老旧火炉烘干了眼泪
却无力温暖凉透的心

天空抚来旖旎的春风
不失温暖与舒心
亲切的老师不愿青年将这美好的春光挥霍
让暖风鼓动了心窝
少年的心
像雨后的晴天，云消雾散
充满着求知和斗争的渴望
重新迈入火热的生活

夏日熏风
热浪中的青年激动不已
不再沉默和疑惑
对一切苦难轻描淡抹
星光摇曳着微光
见证着拼搏
浑浊的岁月日渐明晰

去挑战涌向天边的巨波

秋风摸抚着太阳
招来了久违的丰收
狂热的你
将会去欣赏金色的麦浪
立于高峰的你
或许已经领略了许多
不再去想身后的寒风冷雨
挂着高傲的酒窝
微笑着面对新的生活

夜空中的星星一同闪烁
你我的梦想
将会汇入这星河
那时我们定会相逢
记得曾经怎样拼搏过

此致

敬礼！

周俊

2021 年 12 月 2 日

致己信与家书

刘桑桑

（一）

这一年，计划中远行的脚步好像从未踏出，但在静心感受的年岁中，我好像学会了为自己写诗。

行至此岁，我们的人生翻过一些读本——教科书、辅导书、工具书、小说、童话绘本等。我们汲取知识、感受生活、学习技能，也曾受过诱惑，体会纯真，大抵算得上有故事的一代了。

今年，我放下了大众的“展示平台”，没有了朋友圈的“监督”，完全的“罗曼蒂克”实验。在数字横行的便捷时代，用最传统的眼和心，感受生活的温度，人性的起伏、成长的摇摆和最直观的一切情绪。影响实验的因素很多：人生的际遇、环境的驱使、理想的浸染、思想的深度、知识的边界……总之，一切的水到渠成、顺势而为、天时地利，大抵都可以解释。思考也从来都无边界，我们从不受限，人生的魅力和潜力部分来源于此。

在这样一个务实的阶段，我心中好像有了更加宏大的理想，因此更是感恩家庭，用最平凡琐碎的生活，撑起了我最宏大浪漫的理想，让我明确了努力前进的方向，懂得了感恩家庭的意义。这是我今年最大的收获。

选择农历新年而不是生辰做一个 24 岁的总结，我有我的情怀：这样一个日子，我更觉得与同一年份出生的青年一辈命运相连，时代的使命和担当本就是靠一代代人持续奋斗完成的。国际局势的复杂、历史文化的厚度、国家发展的飞速，在这一年的学习和探索中给我更深刻的冲击。国际声量、生态文明、数字经济、发展平衡、共同富裕……中国的谋篇布局、开放兼容、大国气度，让我此生不悔入华夏。在学习的过程中，我也思考，知识给予我的，我又能否为国家做出一点贡献？

行文至此，大致是我今年发自内心的几点思考，而后时间很长，我很期待：无限可能，行稳致远。

（二）

两轮生肖，二十四载春秋，今吾二十四岁生辰。

今，第三十七个教师节，幸为支教老师一载，助力国家扶贫，浇灌花朵，桃李几支，芬芳弥久。

今，中国共产党建党一百周年，幸生于和平年代，长于繁荣时期，有信念，有理想，有力量。

吾于今日诵读一首《中华少年》，忆少时之长，续今时之势。诵读，吾兴趣之所在，每做此事，忘时忘我，渐入佳境，乐此不疲。

家妹于今日开学，观其开学典礼，心中溢满家庭之爱的坚定力量，学在传递，努力在接续，互勉之，共搏之。自家妹高中毕业，心中力量加倍，责任之感倍增，而后人生，姐妹共进。

家于今日共庆生，平日饭食，生日歌曲，蛋糕相配，蜡烛相衬，暖黄照应，热气氤氲，爱意不息，胸中滚烫。多年家人照料，从未忧衣食，永保持纯真，一如往昔之思，未来必报家恩。

望吾有奔前程之勇气和实力，有绘人生之精力和兴趣，且可算不负青春，不负流年。在坚定的二十四岁，继续做快乐、勇敢、善良、大方的女孩！

（三）

亲爱的全妹妹：

姐应诸多考试和任务缠身不能于五一假期归家与你相伴谈心，实属遗憾，但也庆幸：吾家学子皆于不同地点、不同阶段为己之梦想和追求努力奋斗，不同时空，心心相连，真令人内心激荡，充满斗志。

青春由磨砺而出彩，人生因奋斗而升华！听闻你的消息，我十分敬佩、欣慰，处理你的相关事宜让我温暖、满足。

姐有三望。

状态总是高低反复交替，望你奋时乘胜追击，低落时脚步不停。

前进需有动力，望你提升能力和综合素质的同时，坚定自己的内心力量，不管是源于自我信念、环境驱动，还是家庭温暖……

成长需要相互督促和激励，望你能长江后浪推前浪，未来前浪后浪皆飞扬！

共勉。

你的：桑姐姐

2021 年 4 月 30 日

（四）

亲爱的全妹妹：

恭喜你考取华南理工大学，即将在成年后的人生路上扬帆。毛主席曾言："你们青年人朝气蓬勃，正在兴旺的时期，好像早晨八九点钟的太阳，希望寄托在你们身上。"望你把握宝贵的大学时光，惜时、勤奋、拼搏、进取、注重行动、主动学习，聚点滴进步改天换地！望你自我塑造和自我成就，自尊、自信、自立、自强、自制、自省，夯实内心力量，迸发无限活力！望你养成良好的精神品质，孝顺、忠诚、善良、乐观、勇敢、坚韧、宽容、谦逊、尊重他人、乐于分享，欲成事先成人，真正成为祖国的栋梁之才。

最后，祝你健康、快乐、幸福、洒脱，多笑颜、喜无忧，风华正茂，挥斥方遒！

你的：桑姐姐

2021 年 4 月 30 日

活着

刘庆伟

如你所愿，我确实在风雨中看到了一个影子。

那是一个佝偻的背影，在风雨交加下更显孤寂；嶙峋的样子若隐若现，仿佛穷极了一生的苦难。那淋漓的，不是雨水，是眼泪……并不太像他原本的模样，是泪水，微微勾勒出镜花水月般的回忆。

我知道那是一个遭受了曲折的人，是一个无可救药的灵魂。

我知道那是你……是，萎靡不振的你。

新事物打击了你，新环境刷新了你；普天之大，无你容身之处；世界太小，再无前尘旧友；你迷茫，你无措；你在抱怨中竭蹶步趋。

我何尝不懂，人生就是在起起落落的过程中循环往复。我何尝不知，大是大非面前，鲜有人坚守得住原本的初心。我何尝不闻，晚风送走萧条的叶，孤独之人守护寂寥的冬。

我又何尝不想拿时光换浪漫。

可时光不听话，它催着人长大。

你挥挥衣袖便是一阵狂风，袖过之处弥漫着并不惬意的氛围。你以为这就是你的结局，所以你不再反抗。你开始随遇而安，顺从所有你被迫接受的。你喃喃自语，披头散发流浪在苍青大陆，眉宇之间尽是哀愁，再无当年半分神采。

还记得那最后的拥抱，是父亲给予的并不沉重的关怀；母亲望着你孑孓而行的身影，祈祷寄许着下一个春天；姐姐没有说话，她的芳瞳中盈盈闪动，流下不易察觉的泪花……

那轮遥挂在星空中的皎月，此时此刻，是否也照耀着地图上另一角正在思念自己的亲人？仗剑天涯的少年，回眸时，是否依旧一如年少清梦？

我看到你没有回答。你只是张了张嘴，嘴角微微上扬；我分不清那是不屑还是轻蔑。但我的确有那么一种错觉，那就是活着的意义——为了不辜负爱我的人。

我收拾好行囊，准备回到初始的地方。可风雨依旧汹涌，咆哮着不让任何相关或不相关的人干涉你。我皱眉，疑惑涌上心头，接踵而至的，是无尽的苦楚。

为了不辜负吗?

往事重现在脑海：我仿佛看到了一个并不桀骜的身影，他只是一味地去成全，虚与委蛇。现实貌似给予他良多，但真实的自我，早就迷茫在并不明晰的视野里，瓦解在岁月的消沉中。

我不禁思忖：那是怎样的禁忌之力，竟能毁掉生存的价值?还是说，那还不足以成为你留下的理由。

你轻轻一笑，一些太过久远的回忆浮现在我眼前。我看到年少轻狂，那种桀骜不驯，曾经正气凛然，誓要力挽狂澜，后来遭受曲折，如今止步过往。

你究竟遭受了怎样的苦难?才沦落为今天的无可奈何。

我不理解你，我试图靠近你，可偌大的暴风雨不允许我接近你；我想拥抱你，我要帮助你，可你苦楚的惨笑让我怔住了神情。事到如今，这世间还有什么是值得你守护的呢?

究竟是技止此耳了吗?我面对着你，仿佛面对着一面镜子。我急于言表，焦急地询问着不知名的问题，镜中人惨然一笑，用并不刻意的举动回答了我的全部疑惑。

原来当初稚气的少年，早已颠沛流离在岁月的长河之中。那些意气风发的过往，终像星辰般转瞬即逝，只留下了深深的伤痕，折磨着风雨之中的镜中之人。

你早就都知道了，是吗?那些个默不作声的镜头，氤氲着神秘的反转镜像；你转身的孑然孤勇，孕育出全新的生命之源。你守护你所深爱的，你不得不离开你所熟悉的；你挣脱桎梏，只为了一个圆满的可能。

其实早在很久之前，你就不是为了被爱而活，而是为了守护所爱之人才活着，不是吗？

我看到风雨中的那个人终于挪动了一下身子，高高瘦瘦的背影略微挺直了一些。我倔强地伸直脖子去喊他，他没有动，但我分明感受到了一种不言而喻的力量，怀揣着济世苍生的热忱，你义无反顾地奔赴前程。那是一种无所谓“前进后退”的责任担当，那是一种风雨兼程披星戴月的坚定信心。

是我终于撼动了你冰冷的内心吗？我伸出手，冒着狂风暴雨抓住你的衣袖，你面对着我，一道并不实际存在的沟壑横跨在你我之间。我还是迷茫，你究竟是何方神圣？是我精神错乱时产生的心魔吗？你是否也会疑惑,那个总是唯唯诺诺的家伙，为何现在会有如此心境，可以越过契约的界限，来到你的面前。

我撒了谎，我骗了你。我花言巧语，将你玩弄于股掌之间。看到你不知所措、无可奈何的样子，我莫名的欣喜；你终究还是因为各种身外因素而停滞了脚步，那正是我想要的，是我反客为主也必须做到的。就差一点了，只要牵住我的手，我就可以拯救你。

来啊！来啊！来啊！

风雨中的人微微直起了身子。他凝重的样子，比任何时候都要挺拔；面对眼前的镜中人，他怔了一下，眼神里起了微妙的些许变化，隐隐约约透露出一股轻蔑的神色。

我狠下心，一咬牙，用力撂开了你抓住我衣袖的手；不顾狂风暴雨，只是一个劲地往另一头走；走着走着，我开始跑起来。跑，跑得越快越好，逃离这里，逃离所有裹挟我记忆的锚点，只是继续向前跑，没有方向，没有目的地。

我听到身后大喊的声音，那是你劝我回到起点的由衷之言。我没有回头。是啊，我怎会不知，命运抉择了我人生的始终，定格了我活着的意义；一切的一切，冥冥之中自有安排。

听到的声音越来越小，“关切”的言论少了，闲言碎语少了，不必要的纠缠和羁绊少了，我终于，又能见到你了。

其实很早之前，你就不是为了世间而活，你探寻尘世的意义，以一己之力挽时光狂澜，为的不是不留遗憾，而是绝不后悔，不是吗？

什么是未来

胡瑶

是夜，微凉。

今天是她的十八岁生日，暖黄的灯光下，仿佛时间也眷恋这融融的温暖，近乎处于停滞。女孩正写着一封信，但是却时不时迟疑地停顿，笔在纸上划出沙沙的声音，光与影交替在纸上书写，夜空中的星星也在低吟歌唱。

女孩的这封信有些不同寻常——她写信的对象不是一般人，而是未来的她自己。

此时女孩的眉头微微蹙起，紧紧抿着嘴巴，像遇到了莫大的难题。该和“未来的自己”说些什么呢？问候未来的你过得好不好？聊聊家常？探讨人生意义？但是，未来的她也就是她呀！她知道的她都知道，她不知道的她也知道！和“这样的人”该说些什么呢？

一时间女孩的脑子里充斥着杂乱的想法，它们如同乱麻一样缠住了她的思绪，她陷入“混乱”了。

“致未来的你”，写下，划掉，写下。如此反复，思绪愈来愈乱。

倏忽，一个问题浮现出来：“未来到底是什么？”

她在草稿纸上画出一个大大的问号，又有许多零散的思绪浮现，但这次它们像夜晚的萤火虫般闪现，影影绰绰却吸引人去探索、追寻。但它们如此遥远，遥远到她只能在地面上费力地抬头，才可能粗略望见那延展的星图。

时间过去了很久，又似乎只过去了几分钟。仿佛时间在这里被拉长又被缩短。

困意来袭，女孩缓缓睡去。

桌上摆着的是她未完成的信：

致未来的你：

晚上好！

不知道该和你说些什么，其实我想问你，未来的我，也就是你，有没有变成我们想要的那个样子呢？

……

（一）

“你好。”

女孩一睁眼，眼前出现的是海浪、乌云、礁石、白沫、灯塔、沙滩、丛林和一个穿着风衣的陌生人。

女孩惊讶地环顾四周，还没来得及惊讶，心就被一股平静所安抚了，就好像这里是她心灵的所属之处、灵魂的归属之地。

“还记得你怎么来到这里的吗？”陌生人开口了，听不出什么情绪，但女孩在他的脸上看出了少许笑意。但细看之后却是雾蒙蒙的，不甚清楚。

“我在梦里吗？”女孩问。

“你觉得呢？”陌生人反问。

“我不知道。”女孩回答，“这里像我的梦，因为我甚至看不清你的脸，这里充斥着我的‘感觉’；但这里也不像梦，因为你在和我谈话。梦只有感觉，只有模糊的意识，甚至连对话也没有。而且当我意识到在做梦时，我就会惊醒。但是现在我没有，我们还在谈话。”

陌生人饶有兴趣地看着女孩。

女孩似乎意识到了什么：“那座灯塔！这里充满了我的影子！”紧接着她开始疑惑，“这到底是哪里？”

“其实这是哪里并不重要。”陌生人说，“重要的是接下来我们要谈论的内容。”他停顿了一会，又说：“首先要声明：我是未来的你。”

“什么？”女孩惊讶了。

“但是严格来说，我也并不算未来的你。”陌生人做沉思状，“你可以叫我 X。毕竟现在的我对你来说算一种未知。”

“为什么？”

“之后我会告诉你。”陌生人的脸上浮现出一丝微笑，女孩觉得这个笑似乎包含了很多，有哀伤、有欣喜，但最后都归为平静。

“我们今天要谈论的是未来。”陌生人说。

“那我们要讨论未来的什么呢？”女孩困惑着，忽然发觉未来对她来说就是一团光雾，她知道那里闪耀着，但是去看、去想，却又仿佛在银河的另一端，遥遥无期。

“未来，什么是未来？就是没到，没来。”

女孩惊呆了，她从未想过这种解释，但这明明就是最浅显的字面解释。她从未想过，意味着她选择性地忽略了，她只看到了她想看到的东西。

“你告诉我，未来在你这代表着什么？或者说到未来两个字，你有什么样的感觉？”

“光明的、充满希望的？不，有时候也是绝望的、毫无希望的。”

“为什么呢？你有没有想过这个问题？”

“因为……我也不知道。”

“是不知道，还是没有想过，也拒绝去想呢？”

“什么意思？”

“你心里有答案的。”X 直视女孩。

女孩的心像被那目光攥住了。

“把希望放在遥远的未来，这个美好的希望就永远不会破灭，正因为它永远不会来，所以它永远不会破灭。这是你的逻辑对吧？”

“但你内心深处也很明白，所以你清醒时又感到痛苦，又感到自责，甚至痛骂自己，然后又用各种光怪陆离的希望做麻醉剂，如此往复，循环不断。”

“但你也要明白，这也不全怪你。”X 移开目光。

女孩猛地抬头，泪水在她的眼眶里打转。

X 却不看她，而是望向远方，女孩随着 X 的目光远眺，远处的灯塔射出的光束穿透云层；那灯塔静静地立着，任海浪拍打，任风雨冲刷。

（二）

海浪冲刷着海滩，哗啦，哗啦，带着抚慰人心的力量。那股平静的力量又来了，女孩感觉自己也平静了下来。

“那我们开始吧？”

“首先让我们来猜测，或者是按照经验来归纳未来的几个性质。说在最开始的话，你要明白：我们接下来说的内容会有错误是很正常的，不论是知识层面的，还是逻辑上的、语法上的，都是片面的、个人的；但是不能因为可能出错就不想、不说；因为你自己不想，就会有别人的思想灌输进来，你以为的轻松，要么你为此付出被收割的代价，要么在之后花费大量时间去纠正、去剔除。”

“那么我要说的第一点就是：未来根本不存在。”

“什么？”女孩愣住了。

“很惊讶对吧？你知道乔治·奥威尔的‘Doublethink’吗？拥有两种矛盾的思想却相信两种都是正确的。比如‘我只有变瘦了，才会快乐’‘我只有变漂亮了，才会幸福’‘我只有考上清华北大，父母才会爱我’。”

女孩忽然想到，她便是如此——沉沦于幻想和别人的灌输中，活成了沉默的大多数。

X看出了女孩沉默的想法，开口说：“你大可不必那么悲观，毕竟现在你我思想的深度还不够，仅凭一面怎么可能照出时代的全貌？所以，我们来谈现实一点的吧。”

“现实一点的？”

“你来说说看，为什么我会说未来不存在？”

女孩思索着，给出了她的答案：“因为未来本身就是你说的‘没来’的东西？但是我认为你的说法也片面了，很引人误会。”

“怎么说？”

“我们说到‘未来’，就说明这个词语存在，现在看来，它的概念意义似乎比现实意义大得多。而且它的现实意义也是人们了解了它的概念意义之后发挥人的主观能动性再创造出来的。概念意义也是人创造出来的。它其实并不是现实中有的东西，所以你说未来不存在。”

“对，所以我认为把未来的现实意义摆在概念意义之前就是本末倒置。或者说，未来意味着什么，其实完全是看人怎么运用这个概念。”

“原来是这样！但是不是有第四个维度就是空间的说法吗？”

“我一直想说了。”陌生人露出神秘的微笑，“我们的物理知识储存不够，所以只能从另外的角度去阐释我的观点：我认为未来是一种可能性的未来，它是可能性的集合。说是集合可能会不太标准，只能说在事情没发生的时候，有很多种可能，比如你出门买手抓饼，可能出门摔倒，或者是捡到一百元，或者是买到手抓饼之后里面有蚂蚁，或者是刚拿到的时候就掉了。当它发生的时候，未来就坍塌成唯一的了。其他的未来就泯灭掉了。”

“坍塌？”

“是的。我觉得这个词比较符合我心里的设想：就像是从四维坍塌到了三维。我认为从过去到现在再到未来并不是线性的，而是由许多可能的枝丫光速生长又消失，泯灭的万花筒般变换。”

“第二点让我阐述一下未来和过去、现在的关系：很多人认为过去到现在再到未来是线性的，虽然表面上从‘时间轴’上看是这样，但是时间轴也是历史学家发明出来的，甚至分和秒这个概念也有传说是钟表匠发明出来以促销钟表的。而且相对论的存在也是很强有力的证据——至少说明我们认为的时间不一定就是真正的时间。而且我认为至少有两个方面被忽视了，一个就是我刚才的假说：未来是可能性的集合。第二个就是第一个的衍生：既然未来是可能性的集合，那又是什么让发生的那个可能发生？”

“我认为是选择，至少从我个人的角度来说是这样的。”

“天灾人祸也是我们自己选择的吗？”

“从某种意义上，我认为是的。但是不是从个人的角度，而是从集体、从人类的角度。但是这太复杂了，我只能有个模糊的猜测，毕竟我也没有数据支持，也没什么强有力的逻辑，我只是给你在这里提出一个可能而已。”

“其实问题是无穷尽的，你应该继续问：那又是什么让你做出选择的呢？那又是另外很多个领域的东西了。”

（三）

远处的乌云开始翻滚，传出阵阵雷响。天越来越暗了。

“第三点。”X 的声音开始滞涩，变得有点失真，“我也快消失了，但是我要把最后这一点说完，才不辜负我来到这里的意义。”

“等等，你说你要消失了是什么意思？”女孩大骇。

“我只是想让你知道，未来在一定程度上是可控的，这里可操作的点就在你自己身上，你自己的未来是由现在的你决定的，而不是由它本身决定，没有命中注定的，如果有，我认为那也是一种选择的结果。其实今天我来见你，就是帮助你把我泯灭。”

“你知道吗？人是有想象力的，但有想象力的同时要运用好自己的想象力，而且一定要去感受现实、去拥抱、去分析、去把控。”

女孩感到了越来越剧烈的震动，灯塔在崩塌，乌云从远处快速席卷而来，大海在翻滚。

“第三点就是未来根本不重要，你如果真的看重，最该做的是回顾过去，然后总结经验再运用到现在。因为当下你才存在，并且可能性是从现在的你延伸出去的，你知道吗？”X 的身体一点点变得透明，最后化为光团消失不见，光团却汇集在女孩的脚下往原始的丛林延伸，而海岸的方向已经有巨浪袭来，女孩望着那已经开始崩坏的地方，心中隐隐有了答案，她转身向脚下光路所指的方向跑去。

穿过密集的蕨类植物和不知名的灌木，海浪的咆哮和礁石的崩塌声逐渐离她远去，女孩感到有东西被她抛下丢弃了，心里感到畅快，更多的是心灵的平静。她看到了无数个泡泡，而每个泡泡中居然都是她自己的影像！女孩意识到了：这些都是她的“可能”。从她踏入这块区域时，就有许多的泡泡破裂了，如同绚烂的烟花。

其中有一个泡泡恰好在女孩闯进这片平原时在女孩面前破掉，化为无数个小光点，女孩伸手接住，熟悉的感觉扑面而来，原来是X。

女孩的眼眶微微湿润，X居然打破了时空的维度，不顾自己的破灭也要帮助她走向另一种可能，但与此同时自己也泯灭了。

女孩从梦中惊醒，一股悲伤涌上心头。她在为逝去而惋惜，因为它是那么美，那么灵动。

女孩揉了揉眼睛，却发现桌上的信已经写好了，满满当当的一页：

致未来的你：

晚上好！

不知道该和你说些什么，其实我想问你，未来的我，也就是你，有没有变成我们想要的那个样子呢？

开玩笑的，这个问题很蠢对不对？我想，我想要的是靠自己争取的，这样就算失败也不能找理由。把希望都寄托在你的身上，多不负责任呀！仍记得袁了凡先生说的：“人不改过，多是因循退缩。吾须奋然振作，不用迟疑，不烦等待。小者如芒刺在肉，速与抉剔；大者如毒蛇啮指，速与斩除，无丝毫凝滞；此风雷之所以为益也。”。

我想，和你说得再多，意义已经不大了，因为在以前我已经以错误的方式一次又一次错误地对待你，在这里，我和你，也和我自己说声：对不起。

希望你也可以说：祝 18 岁的我，生日快乐。

胡瑶

2021 年 12 月 7 日

在时间之河的另一端

卿子雲

致 2021 的你：

见字如面。很抱歉，这封来自 2035 年的回信或许有些慢，不知你的疑惑和忧虑是否还如从前一般？

此时，红日的边缘渐渐模糊，西面山坡上的光穿过云层，在楼宇之上绵延而来的是一大片玫瑰色的霞光。我站在“复兴号”的窗前，想着光年之外的你，大概也和我一样慢下脚步，共赏着此刻的天光。你看，我们各处不同的时光轴，却窥见一样的绚烂。真好！

噢，忘了告诉你，在职业之外，我现在还是“火种计划”的一名志愿者。火种计划体系太过庞大，我就和你先简单说说它其中的三个分支——绿色低碳、航天科技和智慧城市。

那天，你在信里和我说，你在做经济学案例分析的时候，发现这一年的油价已突破 60 美元 / 桶，铜价也已经达到高位。

你有点担心，大宗商品的超级周期现象会让中小企业无法承压，个人的生活成本提高以及背后资源的有限问题也令人担忧。在你的当下，随着全球变暖越发严重，环境破坏的不可逆效应已经渐渐显现。冰川消融的速度变快，山林火灾的频率变多。灾害出现之际，甚至有好事者制造出末日预警的谣言。

请你相信无碳世界的未来不远。你应当知道中国已明确提出了“碳达峰”和“碳中和”的目标。通过技术的提升和新能源的广泛应用，我国有能力做好对传统化石能源的替代。无碳未来并非一张空头支票。但同时，也需要每个人积极地参与绿色生活。亲爱的你，生活既然已经很匆忙了，何不重拾“竹杖芒鞋轻胜马”的清欢，从此刻做起，从自己做起。不必开着私家车陷入城市的拥堵。而是骑着共享单车和好友穿梭在江岸的清风里。

中国人大概骨子里就有“诗意地栖居”这种理念。2021的电台广播里传来神舟十三号成功发射的好消息。我知道，中国航天事业正向着星辰大海不断前进，从敦煌飞天到载人航天，中国航天人的浪漫开始于满天神话，而后在一代又一代筚路蓝缕的奋斗中实现。入九天的空间站“天宫”，上火星的探测器“天问”，太阳监测计划的“夸父”，古时候的想象正在与现实接壤。

你不要觉得这离你太过遥远，航天精神就像一颗火种，它存在，就时刻提醒着每一个普通人保持对这个世界的好奇心和探索欲。在大数据、碎片化的时代，请你不要被纷繁的信息所裹挟，而要保持自己独立的思考。你的双眼不要被利己主义的迷烟所蒙蔽，要踏破逐利之风，脱离低级的趣味，摒弃浮躁的心性，沉下心来好好做学术研究。我不希望，你将人生的终极目标锁定在物质主义的半径内。我真诚地希望，你能拥有感性的触角去迎接世界的灿烂盛大，长久地忠于你所热爱的事业，或许，宇宙的终极浪漫并不是心状星云，而是日复一日的坚持。

对了，差点忘记和你说说 2035 年的智慧城市。万物互联，数字管理已经是我们城市生活的常态。政府眼观六路，耳听八方，也从未忽视任何弱势群体的需求。“安得广厦千万间”不再是一句沉重的反问，整个社会实现了居者有其屋。先进的信用体系建设，让诚者有所得。随处可见的数据显示屏，联结着各处发起的互助信息流，社会实现了弱者有其助。

但制度的刚性还需要道德的柔性加以支撑。所谓道德，本就是反求诸己的命题。“老吾人以及人之老”以及“勿以善小而不为”不能止于空谈，而要贯穿于生活的日常。我始终希望你成为一个赤诚的人，以爱去回报爱，以善意回报善意，让善的涟漪激荡在全社会的池塘。

天色已晚，我乘坐的复兴号快要到站了。

相见在即，不复絮。

写信人：2035 的你

2021 年 12 月 6 日

第二章 孝道情丝，无言也张扬热烈

和解

朱佳

妈妈：

有好多好多的疑问困扰我多年，只是从未开口问你。本来打算一生都把这些埋在心底，但也许是这封信给了我一个机会，一个与过去和解的机会，一个与你和解的机会。

很久很久以前，我也曾有个完整的家，爸爸、妈妈和我。虽然生活拮据，但日子还算平顺温馨。

可是在我 3 岁那年，一场车祸夺去了你我生命中最重要的人——我的爸爸。年纪还小的我并不理解什么是死亡，但是我知道我还有你，你会护我一辈子，不会让我受丝毫委屈。可是我错了，在父亲离开短短的一年后，你义无反顾地选择再嫁，抛弃了我，执意跟另一个男人离开。

为什么呢？我这么容易就可以被放弃吗？你们都不想要我吗？为什么一个家都不愿意给我留？我不是你的孩子吗？

后来我被爷爷奶奶抚养长大，叔叔伯伯也出了本不必出的一份力，在他们口中你是那样无情无义，值得唾弃。尽管生活平淡索然，但我知道，这里收留了我的灵魂，这才是我的家。很多年过去，我几乎快要忘记你的脸。

我从未想象过此生还可以见到你。

14 岁的某一天你回来了，你真的回来了。我远远地望了一眼，你好像过得很美满，你早就不是我记忆中的样子了。你是那样熟悉，又那样陌生。

爷爷奶奶身体不好，叔叔伯伯每个月付给你抚养费，要你来抚养我。你带我走了，离开了农村到了城市。我不知道我对你有没有怨恨，但我还是期望着能重获你的爱。我会有一个新的美好的家吗？

可是，我忘记了，时间会改变很多。十年未见，我早已不是你唯一的孩子了，你与继父又生下了两个弟弟。我真的是这个家庭的一员吗？我显得很多余，你当初为什么要生下我？

人们都习惯赞美母爱的伟大，真的是这样吗？我不敢轻易相信，我害怕再一次失望。

可我从未想过你的生活是这样的。

那天不可开交的吵架，继父拎起凳子走向你，我死死拉住他抬起的手臂，看见你习惯性地畏缩。原来，这么多年，你也不幸福吗？那你为什么不回来找我？是你无奈吧。那你为什么有了新家？是你渴望爱吧。很长一段时间积累的怨恨好像忽然没了底气。一切好像也不像年幼的我用狭窄目光看到的那样简单。我好像如此轻易地原谅了你。

成长使我逐渐理解你。我们都一样，都是向现实卑躬屈膝的人。

贫困、苦难在天平的一侧，爱，在天平的另一侧。可是我们无法称量。我承认爱的力量无限，可是却那样奢侈，而贫困与苦难的重量却又如此真实，压得人窒息。所以天平的结果取决于一个选择，一个不能判断对错的选择。

妈妈，我不知道你还有多少苦衷没有说与我听，但我们都是被命运捉弄的人。所以，妈妈，你不用动，我会走到你的身边，我会保护你，这次让我们一起面对！

为什么原谅会在刹那间产生？也许是因为：

我，是你的孩子。

我不会离开你。

你的女儿

2021 年 12 月 8 日

懂你

腾海娜

最近孙海洋找回被拐儿子孙卓的新闻颇受关注，我在某一天点开新闻里的视频，看着他们父子二人相认、拥抱、大哭，我的眼泪也止不住地流了下来。在静静关注着后续的同时，我想到了你，那一刻，我再次泪流不止。

从我慢慢懂事起，每当有人提到父亲，都会触及我心中最柔软的地方，其实并不是别人的故事有多催人泪下，只是我总会想到你。

8 岁的我不愿倾听 32 岁的你

你 32 岁，2008 年。

我与亲妈和你一起生活的第八年。2008 年是我一辈子也不会忘记的年份，这一年深深地印在我的心中。

还记得那是一个炎热、晴朗、天边泛着紫色云霞的傍晚，刚刚出小学校门的我发现你竟然来接我放学了！我知道你从来不接我放学的，所以我好开心，心里想着这次一定要和你说说我在学校发生了什么。可是你面色凝重，拉着我的手一句话也不说，上了出租车之后你更是一言不发，一直紧紧地握着我的手。

“爸爸，你的车呢？”

你沉默不语。

“爸爸，妈妈怎么没来？”

“我和你妈妈离婚了，家里也破产了。”你冷冷地说道。

我哇的一声哭了出来，嘴里喊着“我要妈妈，我要妈妈！”

“以后你没有妈妈了，这几天我就把你送回奶奶家。”

我知道，从我四岁起你和妈妈就每天争吵，你总是不回家，你知道我和妈妈在家里等你有多煎熬吗？我讨厌你，责备你，你把妈妈弄丢了，还把我最喜欢的家也弄丢了。明明家里什么都不缺，你为什么还要夜不归宿？你为什么总是和妈妈吵架？你为什么总是对家里漠不关心？我想和妈妈在一起，我不想和你在一起！

10 岁的我默默靠近 34 岁的你

你 34 岁，2010 年。

我与你和亲妈分离的第二年，与爷爷奶奶在一起的第二年。

以前我们在一起的时候，虽然我很讨厌你们俩吵架，但是我生活得很好。我不知道你为什么送我去爷爷奶奶家，把我留在你的身边不好吗？你应该知道爷爷奶奶重男轻女的思想吧？爷爷奶奶只爱弟弟，我得不到爱，得不到关心，也得不到零食，每次看到爷爷奶奶带吃的给弟弟，我却没有，你知道我有多讨厌你吗？你知道每次我背着小竹筐去山里捡柴的时候有多埋怨你吗？你知道每次我去菜园里刨地的时候有多恨你吗？我恨你把妈妈弄丢了，还把我扔给爷爷奶奶，但，我又很想你，我很希望你可以早点来接我。

我常常会想是不是离开你，回到妈妈的身边就好了呢？于是我开始每日存钱，每天的一元钱，两毛给妈妈打电话，八毛存起来。我很想妈妈，我每天都去小卖铺给妈妈打电话，每打一次电话我和妈妈都要哭一次，可是久而久之妈妈就不接我的电话了，无论怎么哭怎么闹，妈妈都不接了。

我很难受，我很想妈妈，于是我买了去妈妈家的车票。

那是一个寒冷、晴朗的清晨，爷爷送我到校门口之后我偷偷跑去公共汽车站，自己搭上了去妈妈家的汽车，一路上我都期待着和妈妈相逢的场景，无论多困也不敢睡，生怕错过下车的站点。

到了妈妈家，妈妈看到我很是吃惊，和往常一样我们哭了，只不过这次妈妈是抱着我哭的。

“我很想你，妈妈，我在爷爷奶奶家过得一点都不快乐。”

“宝宝，我知道，我也很想你。”

“妈妈，你能要我吗？我不想和爸爸在一起。”

妈妈看着我泪汪汪的眼睛，却没有回答我的问题，我哭得更厉害了，我知道妈妈的答案是什么，可我还是不死心。

“妈妈，你不愿意要我是吗？”

妈妈哭得更大声了，“宝宝，不是妈妈不愿意要你，是妈妈没有能力，等妈妈有能力了一定去接你，好吗？”

我哭着猛烈地点头，晶莹的泪珠随着晃动落在了我的手上，冷冷的。

那个时候起，我知道我的依靠只有你了，妈妈说的有能力是何年何月的事情呢？

你把我从妈妈家里接回来之后没有打我也没有骂我，很快你又离开了。这次我不再闹了，也不会再偷偷离开了，和妈妈唯一的联系也断了，妈妈换了电话，我再也找不到她了。

12岁的我慢慢了解36岁的你

你36岁，2012年。

这一年你的生意逐渐好了起来，你把我接回你的身边了。

我回到你的身边了，但是我们之间却多了一个陌生的阿姨。你和以前一样，一样的忙，没有时间陪我，你再一次把我送到了别人身边。在这个阿姨身边我不敢闹，不敢说想你，我拘谨着，学着做一个乖孩子，却也在时刻期盼着你能来陪我。

那是一个炎热、下着蒙蒙细雨的夜晚，你带我去商场的小广场玩，我很开心，因为我能和你单独在一起的时间很少。你牵着我的手，一起走在回家的路上。

“阿姨对你好吗？”

突如其来的问题，我怔了一下，我想了一阵儿，使劲点了点头。

“这个阿姨给你做妈妈好吗？”

我沉默。

“有一个妈妈，就会有人照顾你，爸爸很忙，没时间照顾你。”

我知道，我应该长大了，你已经和亲妈分开很久了，现在你好不容易东山再起，我想你应该也需要别人照顾。更重要的是，有了这个阿姨我就能和你在一起了。

于是，我同意了。

这一年，我有了一个新的妈妈，这个妈妈对我也很好，而且我和你再也不会分开了。

16 岁的我渐渐明白 40 岁的你

你 40 岁，2016 年。

我们新的家庭很稳定，但是你仍然很忙，没时间陪我，好在长大的我也不再需要你的陪伴。

那是一个寒冷、天空泛着星星的夜晚，刚刚准备睡觉的我突然接到了你的电话，我很诧异，你几乎从不给我打电话的。

我惊愕地接起，“大宝，干吗呢？”你从不叫我大宝，你平时都叫我娜娜，我知道你喝醉了。

“我，我准备睡觉了。”

“要睡觉了呀，大宝你一定要努力学习。”

“我知道，我会努力的。”

“大宝，爸爸觉得很对不起你。”你欲言又止，我知道你哭了，我心里咯噔一下。

“爸爸，你没有对不起我，你对我很好。”

“大宝，我知道爸爸对不起你，爸爸真的想弥补点什么，可是也来不及了。”

从我四岁记事起，你从未和我说过心里话，哪怕你把妈妈弄丢了，哪怕家里破产了。这是第一次，我突然很讨厌我自己，讨厌自己之前对你的误解，讨厌之前对你的无理要求。我们父女俩的不交谈就这样慢慢演变成了我们之间的误会。

那一刻我多想拥抱你，抱着你说，爸爸你没有对不起我，你对我很好。

挂了电话后，我的泪水止不住地流，泪珠滚落到手心里，暖暖的。

21 岁的我读懂 45 岁的你

你今年 45 岁了，我们的家庭很稳定，我和亲妈也相见了，一切都是幸福的，我对你的感情也越来越深了，越来越能理解你身为父亲的坚韧了。

21 岁的我长大了，更成熟了，更能理解你对我的爱了。

如果不是你在我 16 岁的时候给我打的那一通电话，我可能还会一直误解你、责备你，责备你把亲妈弄丢了，责备你把家弄没了，责备你把我送到爷爷奶奶家。

回想起来，我觉得自己好自私，从来没考虑过你。

36 岁的你一个人默默承受着破产的压力、婚姻失败的痛苦，但你没有因为经济压力就把我和弟弟扔给妈妈。把我们送到爷爷奶奶家后，你却住在还未装修的水泥房，睡着地板，吃着盒饭。为了早点接我和弟弟回家，你挨家挨户地敲门推销，只为重振自己的事业。你每年过年都要向其他同事借钱，回家之后把钱给爷爷奶奶，你希望他们可以对我好点。可是 8 岁的我却不理解你，不能想象你过的是怎样的穷苦日子，我一心只想着妈妈，却从未考虑过婚姻失败给你带来了多大的痛苦。

我偷偷去妈妈家时，你很着急，以为我丢了，急忙借车连夜从沈阳开往内蒙古。你接到我之后没有责备我，反而更下决心努力挣钱，早点把我接回你的身边。你知道我在爷爷奶奶家过得不好，可是你没办法。而我，你不懂事的女儿，一直责备你，不明白你的苦衷，不明白你连夜赶回来的心痛，不理解你做父亲的坚韧。

现在的我已经21岁了，对你的爱更加深沉了。我知道世界上只有你最爱我，即使你不善表达。

上大学的我，距离你很远，但我们好像有心灵感应一样，你总知道我什么时候想你，你总能及时地给我打视频电话，你总是知道我什么时候需要钱，你总是第一时间回复我的消息……

我曾经想过很多次写关于父亲的故事，但我觉得怎样也写不尽我们的故事，我怕写得太浅，写不出那份难以言喻的爱，但，借着这次的机会我想写出来。

写到这里，我哽咽了，其实这么多年我觉得自己很对不起你，我们一起经历了太多，遗憾的是我没能及时拥抱你，给你安慰。我想在以后的岁月里能一直陪伴你，你的前半生为我付出了太多，你的后半生由我来守护。

阳光从窗外洒进来，回想起，八岁那年泛着紫色晚霞的傍晚，我甩开你的手，背过身去，不愿倾听；十六岁那年布满星星的夜晚，你拉起我的手，轻轻诉说；二十一岁这年太阳破晓而出的清晨，我愿意牵起你的手，陪你一直慢慢走下去。

父亲，我爱你。

写给老槐树

闫孝飞

时光匆匆如流水，由高到低不复回。转眼间又是一年，不知不觉已经到了大二。大学的生活简单而又充实，很容易让人放纵自己，沉睡在温柔的梦乡不愿醒来。有时甚至只有在没钱的时候才会想起自己还有一个家，只有在过年的时候才会想起自己还有几家亲戚，只有在无聊的时候才想起还有几个无话不说的发小，只有在孤独的时候才会想起和我一样孤独的老槐树。

我出生在小农村，村里有着城市没有的悠闲生活。蓝蓝的天空、白白的云朵、潺潺的溪流、广阔的麦田、袅袅的炊烟，偶尔早起还能听到槐树下老大爷抽烟的咳嗽声中传来一句“吃了吗？”城里有着村里对未来的无限憧憬。高耸入云的摩天大楼、飞驰而过的高端跑车、夜不闭眼的街边路灯、琳琅满目的地下超市，偶尔早起还能看到公园里老大爷在打着太极拳。农村人喜欢种菜，我小奶就是这样一个人；城里人喜欢种花，我小姑就是这样一个人。

人都说爱笑的人运气都不会差，可老天爷却偏偏开玩笑似的将厄运安排在爱笑的人身上。我小奶天生爱笑，被我小爷宠得有点微胖，有着一双布满老茧的手、一张干黄的皱纹脸，两只破旧布鞋却显得格外干净。我小爷爱喝酒，有事没事喝点，当然都是偷着喝，虽然顶着挨骂的风险，但脸上还是洋溢着憨厚的笑容。偶尔碰到亲戚来访，那必定是大醉一场。我小奶虽然嘴上骂骂咧咧，但是依然手脚熟练地将我小爷扶到床上盖好被褥，旁边不忘放上一杯冒着热气的茶水，然后轻轻关上房门，到槐树下听邻居打趣聊天去了。然而，就是这样一位农村妇人却被厄运砸中，那是我刚考上大学的那个暑假，大地刚刚摆脱太阳的烘烤，槐树上的知了也因袭来的凉风不再聒噪，落日的余霞依然那么美丽，美得让人陶醉。我小奶在做饭的时候突然昏倒在灶台边，经过检查，确诊为恶性肿瘤。这突如其来的消息瞬间让我感觉从头到脚发麻，不禁打了个寒战，我只知道肿瘤很危险，却不知危险来得这么快。

上大学之前的我从来没有经历过生离死别，总是天真地认为死亡离我还很遥远，我身边的人都能活很久。我小奶对我最好，从小就疼我，我也很乐意跟她唠嗑。记得有一年冬天，我小爷和小奶吵架了，虽然记不清什么原因，但是只知道那次吵得很凶，我父母闻讯赶了过去，在一番调解之后恢复了些许的平静。第二天，我照常去小奶家玩，把随身带的鸡蛋给了她，谎称是小爷给的，这种零智商的谎言居然让我小奶落泪了，她抱着我说着一些听不懂的话，像是说给我听，又仿佛是说给自己听，唱着好听的歌谣，像是唱给我听又像是唱给这个世界听，等我长大一些才发现，这些话我姥姥也说过，这些歌我姥姥也唱过。

农村没有啥宝贵的东西，家里的玉米熟了我是第一个吃到，家里的红薯熟了我还是第一个吃到，这些都源于一个步履蹒跚的老妇人，她总是端着这些吃的火急火燎又笑容满面地朝我走来。最让我难以忘怀的就是小奶家门前的老槐树了，一年四季，老槐树下都会聚集很多淳朴村民。男人们从日出谈到日落、从种植谈到收成、从农村谈到城市；女人们从孩子出生谈到上学、从结婚谈到离婚、从生病谈到死亡，各种新鲜事层出不尽。这时，小奶总会笑眯眯地看着、听着，几乎从不与人争论，也总不在意他们所说的是否属实，就这样一年四季地看着、听着，也只有那棵老槐树懂她的意思，也像她一样看着、听着。

时间像是被什么催促着一样往前奔跑着。转眼间我开学了，走的前一天我小奶来看我，昏黄的灯光下她消瘦的身影显得更加矮小，虽然大家都瞒着她的病情，但是她仿佛知道自己不久就要离开人世一样，跟我说了很多话，直到夜深得连月亮都照不出光亮时，她才想着该离开了。我出去送她，一段刚修好的柏油路让人的心情难免有些放松，她看着宽阔的柏油路默默地说了句："这路修得好啊，该是让你们这一代人去城里享享福了。"我想她可能是想去大城市看看了，或许我错了，她可能是想城里的女儿了吧！

大城市的生活丰富多彩。对于第一次出远门的我，一切都感到新鲜，一切都充满好奇。大学的生活让我很快将家乡暂时遗忘，将年轻人的活力展现得淋漓尽致。我已不记得上次往家中打电话是什么时候，一场梦让我将"虚幻"拉回现实，我依稀记得梦中我小奶微笑着看着我吃着她打下的红枣，她坐在槐树下摇着蒲扇给我说着故事、唱着歌谣，梦中没有声音，但我又仿佛听到了声音。她说等她死后就用这棵大槐树当棺材，她说她躺在里面感到亲切，这话她几年前好像就说过。小奶的身影逐渐远去，我想抓住她的手，却怎么也追不上她。

第二天，我给我小爷打了电话，他说小奶已经走了五天了，怕耽误我学习，没有让我回来，小奶临走之前还惦记着我。说到这里他已经泣不成声了，就说回来再说。我眼眶湿润，浑身颤抖，回家这两个字第一次萦绕在我的心头，脑海中全是小奶慈祥的微笑。这是我人生中第一次感受到失去亲人的滋味，那天我喝了很多酒，希望能在梦里再见到那个消瘦的身影，可惜没有，一次也没有。

所谓福无双至，祸不单行。接下来的时间里，相继传来姥爷病逝、姥姥半瘫痪、大爷瘫痪、小爷脚骨折、爷爷腿骨折等一系列噩耗。为什么不能跟他们多待一会，为什么不能听他们多唠一会儿，他们要的也许就是陪伴，想找人说会儿话，仅此而已。家里的老槐树终究还是没有用来做小奶的棺材，小爷说，留着当个念想，想小奶的时候在树下坐会儿。其实是他怕孤独，老槐树没了也就没有乡民来树下唠嗑了，人生也就没有啥盼头了。

新年又要到来，回想起以前，自己跟爷爷奶奶唠过家常吗？给父母坦露过心扉吗？给亲戚道过一句安康吗？该回家了，该回家跟小爷倒杯酒、给爷爷点支烟、给奶奶洗洗脚、给爸爸捶捶背、给妈妈揉揉肩，但我最想做的就是给老槐树说说话，听它讲讲故事、唱唱歌。

心有明珠，步步坚定

赵红晶

亲爱的爷爷：

您好！

自九月阔别故土，我一直没有主动联系您，怕听到您那颤抖的音腔，怕见到您“说了上句忘下句”的样子，怕我抑制不住地落下泪水……前两天我在我们湘大的广东路上，看到了这样一幕：一个英气的老爷爷训斥着他的孙女，让她别在路中间乱跑，小女孩哇的一下哭了起来。

触景生情，我想起了小时候，我们之间也总是这样。那时候感觉您是个古怪的人，做什么事都爱较真，还很严厉。以至于我很怕您，不愿主动靠近您，直到那次，记得是十五岁那年的年夜饭，您喝醉了，一改往日的古板严肃，脸上带了几分骄傲，对着大家说：“来，给你们看看我年轻时的检察官证，那时候我们办案可复杂，可不容易嘞……”当时的我恍然大悟，您平常不是古板，不是严厉，那是一种正气。我开始慢慢靠近您，慢慢理解了您，知道了为什么您总是爱较真，知道了您总是乐于扶弱救困的心，知道了为什么您总是严格要求您的后辈。

“流光容易把人抛，红了樱桃，绿了芭蕉。”从过去的黑白夹杂到逐渐白发盈颠，从过去的步伐铿锵到逐渐步履迟缓，从过去的字句有力到逐渐音调微颤，您的变化我都看在心里。谁不曾是意气风发少年郎。只不过几十年后，鲜衣怒马藏进了时光里，换了平静，换了霜雪落满头。

月是故乡明，露从今夜白。离家上学的那个晚上，您重重地握着我的手，一直点着头，语重心长地对我说："学法律好啊，要用心地学啊，学完了一定要用心去做啊，学法律心里一定要有一种坚定的信念和信仰啊……"那天的月光很亮，受光于庭户见一堂，受光于天下照四方。

一直忘了跟您说，十八年里，我学了很多，看了很多，从您和他人身上，我逐渐有了自己的世界观、价值观，逐渐有了自己的立场与信念。我曾感动于司马迁的"就极刑而无愠色"，他忍辱负重只为修史著书，通古今之变；我曾感动于李大钊先生一生坚定为庶民求解放，直到他走向绞刑台的那一刻也不曾向敌人低头；我也曾感动于古希腊苏格拉底为了捍卫法律，不惧死亡，饮尽那杯毒酒；我也曾感动于湖南法官周春梅坚定捍卫公平，即使在死亡面前，也是那般坚定……从他们身上我明白了，我必须得有坚定决心，得对法律怀着一颗敬畏心。

请您放心，在湘大我会好好学习，把法条一字一句地读进心里，认真学习每个案例，将专业知识融会贯通，我会好好修心，在伟人故里的光环下，提升自己的境界，拓展自己的胸怀，坚定法律人的使命与责任。我会竭尽所能，无愧于心。

我现在正在走着您当时走过的路，看着您曾看过的风景，体会着您曾体会过的一方人情。希望在以后的某天，立于阳光下，沐着暖暖的风，我能骄傲地告诉您："我终于成了一名法律人！"

驿寄梅花，鱼传尺素，纸短情长，不一一尽述。最后请为我转达对爸妈的问候。

顺祝冬安

孙女静静 敬禀

2021 年 12 月 12 日

直道相思了无益

申美丽

亲爱的父亲：

久未通函，至以为念。

席慕蓉说：“记忆是朵无花的蔷薇，永远不会败落。”你我分别也已近两年，但你的身影却时常在我的脑海浮现，愈发清晰。于是我提起了笔，将这封信写给了你。

你我初相遇时，秋风萧瑟，满地落叶堆积，你打南方而来，拾起卑微无助的我。于是我有了你，你有了我。

孩提时期，我总让你带我去看草长莺飞，看桃花流水。你也会不厌其烦地陪我领略自然之美。我喜欢躺在油菜花圃的田埂上，闻着春天的气息，你就在闲田上为我种了一片春天；在春笋冒尖的时节，你愿意花上一整天的时间陪我上山采笋；在金樱子灿黄的季节，你不顾山林荆棘毒气侵袭，带我去摘带刺的“金刚宝”。父爱的长度大概就是从凤凰山到旦山庵了吧。

后来稍稍长大，我听你们的话好好读书。当我捧着一张张崭新的奖状向你炫耀时，你笑得合不拢嘴还不忘告诫我“胜不骄，败不馁”；当我拿着书本找你背诵时你笑盈盈地接过，提醒我“还可以再多背几遍，更熟练一点”。我记得小学那时，你给我买了第一部手机，我给你打的第一个电话就是求教如何解一道数学题。

初三那会儿，我刚学化学。向来对理科头疼的我永远只能在及格线挣扎。于是你开始教我背元素周期表，教我正负价，我当时对你崇拜极了。我无法想象初中毕业近40年的你，张口就是李杜诗句，提笔就能写下“鹏程万里凌云志，伟业千秋揽月功”的句子。我一向敬而远之的数理化，对你而言就是小菜一碟，甚至连那极其拗口的英文你都能来上两句。可我终究不太明白，为什么才华横溢满腹经纶的你，会拘泥在一个小村子里，当了一辈子的农民。

也是那个时候，我开始变得叛逆。我无法接受博览群书、寒窗苦读后，还要待在那一亩三分地里。我学着打架闹事，痴迷篮球。直到那天晚归，听到了你极力压制的咳嗽声，听到了你一声声沉重的叹息。早上起来又猛然发现你鬓边多了几缕白发，额上又悄无声息地爬上几道皱纹。你看了看我，眼中饱含无奈与苦楚，眼中的那道光也已逝去，一闪而过的期待后又多了几分失望。我似乎忽然想通了什么。后来，我看见了你拿着我的录取通知书喜上眉梢，听到了你逢人就夸我的欢声笑语。

每每想起与你生活的这十六载春秋，我总是热泪盈眶。我至今不敢相信一个如此温润如玉、彬彬有礼的你，这次竟如此“失礼”，一声招呼都不打就转身离去。从前的小聚小散早已习惯，如今阔别已久，不免心生悲戚。

宫崎骏把人生比作一列开往坟墓的列车，路途上会有很多站，很难有人可以自始至终陪你走完。当陪你的人要下车时，即使不舍也该心存感激，然后挥手告别。如今你已到站，剩下的路我只能独自走完。我很感激我们的光辉曾彼此重叠，而你永远改变了我的星轨。纵使再不能相见，你仍是我所在星系未曾分崩离析的原因，是我宇宙之网的永恒组成。

直道相思了无益，未妨惆怅是轻狂。纸短情长，乍暖还寒，天冷加衣。

不孝女美丽 泣书

2021年10月26日

一千八百公里外不失联的爱

陈谊姝

亲爱的爸爸妈妈：

前不久，家里那边下雪了吧，我在一千八百多公里外的他乡，回忆以前的冬天，无边的天地，寒风中夹杂的雪片，那样美，还有汽车在雪地上摇摇晃晃驶过的深浅不一的两条车辙，像把我弯弯曲曲的往事延伸至远方。

在湘潭，天气渐凉，我才意识到这又是一个冬天了。没有地暖，冬天过得不再肆无忌惮，没有老妈叮嘱我一定要加的厚棉裤，日子变得惶惶不安。

人生天地间，忽如远行客。风突然大了起来，我坐在自习室内写下这封信，听着外面翻涌的风声，那极度潮湿阴冷的空气、萧瑟的树枝和纷纷飘落的树叶，都提醒着我是个异乡人。

你们知道吗？对于来自草原的孩子来说，早上喝着妈妈亲自熬煮的奶茶，才算新一天的开始；那些家人围坐一起谈天说地的饭桌，才是生活的归处。

我很不愿承认，随着年岁增长，我常常随遇而安，却又有许多不安，原来有家才会心安。有家的时候，我像爸爸种在阳台的非洲茉莉，花开了，我便向上望，向下扎根。

我把日历翻了一遍又一遍，倒数着回家的日子，期待吃上妈妈做的烧茄子、炸油饼，也想和爸爸一起去八一桥看种子、买鱼苗。我有好多好多盼头，只能希望时间快一点儿，再快一点儿，我想，你们肯定明白我这种感受，思念让人幸福，也让人痛苦，简直是一种甜蜜的纠缠与折磨。

不在家的日子里，我曾经不在乎的细节都被写进备忘录，我开始怀念起那些耳提面命的时光。比如：常和妈妈做家务、要听爸爸的话少吃辣、不和老妈顶嘴、不能嫌爸妈啰唆……一字一句静静地躺在本子上，它们陪我倒数这一个又一个漫长而难熬的日子。这体验如同幼时看南方黑芝麻糊广告，浓稠的芝麻糊，撒上星点桂花，甜糯散开，唤醒记忆。

我无可救药地陷入回忆，我想起二十一年来的第一篇获奖作文，题目再清晰不过——《父爱如山，母爱似水》，这是我人生最值得自豪的事，红红的奖状闪着光，掌声像山后的竹子燃烧时发出噼里啪啦的响声，我站在黑板前骄傲且有感情地读着，那些青涩的文字不加装饰，将人间最美好的感情全盘托出。

我还想起儿时的那些门，都是你们陪我一步步走过。幼儿园的那扇铁门，不大，有些破，矮矮的，是我最初的记忆。在那扇门前，我不知哭了多少遍，我哀求着死活不愿进去，哭着、喊着、闹着让老爸早点来接我，小孩子的哭闹不全是任性，我只是害怕自己最后一个回家，我害怕落单，害怕一个人坐着熬到天黑。很幸运，爸爸啊，他是个守信的大人，从不骗我，哪怕我当时只是个什么都不懂的小孩儿。那扇又矮又破的铁门开了关，关了又开，见证了一个年轻男人风雨无阻的爱。

之后，小学的大铁门、初中的栅栏门、高中的伸缩门、大学的三拱门，都有你俩的身影。妈妈给我买最爱吃的烤红薯，那香气是大铁门前最馋人的记忆。爸爸笑着接我放学回家，同样的栅栏门，同样的小红车，同一个身影……

这些门很普通，但又不普通。是的，门，迈进，我在门里，你俩在门外，很残忍，有时候这就是变相的分别。不得不承认，在二十一年前，剪断脐带的那一天起，我与妈妈就开始了分别。而如今，是我上大学后和你们分别的第三个冬天，今天的风和我的心一样躁动，我在寝室门内写道：白日短了，好好珍惜阳光的热，看着晴空云朵，最热闹也最寂寞，今朝不说什么，也别忘记太多，你们回去的夜色，我在门口徘徊着。

我在一扇扇门外偷偷看，看到你们的身影越变越小，最后几年小得要变成太阳的黑子，这是一种怎样的无奈？在一扇扇门里，我的世界越来越大，朋友越来越多，你们的世界越来越小，你们越来越孤独，正所谓“付出是常态，接受也是常态”。

不在爸妈身边的日子里，我被迫坚强独立，朋友都开玩笑，说我是“湘大女金刚”。受委屈了，自己消化吧，顶多站在秀山上狠狠大哭一场，我知道没依靠，凡事自己解决；遇到困惑了，忍不住抱怨几句，然后再想想爸妈以前教我的道理，摸爬滚打去找新路子。

以前你俩总担心我嫁不出去，我也知道自己像个“废物”，不爱干活，是个活脱脱除了吃就是睡的“懒鬼”。可你们不知道，没了你俩照顾，我像变了个人。我把自己的宿舍打理得井井有条，学着老妈，像模像样地叠衣服，打扫卫生，有时候碰上难得的好天气，就去晒晒被子，因为妈妈常说：“阳光可以让万物生长，也能照得一个人心无杂念。”很神奇，美好的一天总是从晒被子开始。

平时我也会用小牙刷刷鞋帮，因为那样会刷得很干净；会在衣柜里铺上旧报纸，防止弄脏衣服；会学着老爸用干净木板做隔层，扩大利用空间……是的，爸妈，你们也许都没发现，我没刻意去做，但终究还是成了你们希望的人，举手投足间有了你俩的样子，也许，这就是成长。

长大是件好事，但又不好。长大的我，变得更加害羞，以前我会像狗皮膏药似的黏在老爸腿上，或是直接冲过去抱抱他，埋在他怀里。会期待他在我额上落下一个吻，或是捏捏我肉嘟嘟的脸。现在，我长大了，和爸爸的距离也越来越远，他没怎么说过爱我，但我肯定他一直很爱很爱他唯一的孩子。他和大多数父亲一样，默默付出，不擅长表达，却总能记住我说的每一句话。大一放假刚下飞机，已经是凌晨了，我之前一直念叨着要吃酱牛肉，没想到回家第一顿饭就吃到了爸爸做的酱牛肉，那是我这辈子吃过最好吃、最入味的酱牛肉。

回忆是甜蜜的，但也让我痛苦。是什么时候，我发现你们老了，你们不再无所不能。老爸走路很快，是个急性子，以前在前面走，我和老妈在后面拼命地追都不一定赶得上。这个暑假回家后，我们照常一起去小公园散步，我走着，竟不知不觉地走到了最前面，还得停下来，回头等一等原来家里走得最快的人。

老妈，我和你讲，还有一次冬天外面很冷，我下楼买菜，看见爸爸和几个熟人站在门口说话，穿着棉袄还缩着，他无意识地弯腰，两只脚来回跺，“我爸爸像个小老头”，这个念头闪过，我心里一酸，那个我从小眼里无所不能的英雄，那个摔骨折做手术都不喊疼的北方汉子原来也会老去，强烈的反差让我一时间难以消化，我突然很想哭，想冲过去抱抱他。

时间的维度在哪里？我看不见，但我的的确确地感受到它在飞逝，你们老去，我在长大。

妈妈啊，你总叫我不要乱花钱，学会理财，平日里你也是这么做。你是个充满智慧的女人，是过日子的一把好手，能不浪费就绝不浪费，家里条件越来越好，这大多是你的功劳。其实我知道，你爱穿漂亮衣服，你喜欢烫头染发，上次过年我拉着你做美甲，你说不喜欢，觉得平时做饭也不方便，其实你眼里闪过了一丝期待，我全看在眼里。哪个女人不爱美？你只是为了我和我们这个家，心甘情愿、义无反顾地自我牺牲了二十多年，青春没了，美丽没了，自由没了。说实在的，我心里很不是滋味，我在最美的年纪穿漂亮的衣服、染好看的头发，得到同龄人的赞美，而你在柴米油盐的生活里与朴素为伴，让我羞愧万分。尤其是每次视频通话，我劝你买几件新衣，你总说你有衣服，不用买，要么就说你不想买，其实我都懂，那时的你是多么口是心非。你只是想给我多攒点钱，想供我继续读书，想看我结婚安家，还怕我以后需要钱，怕我受委屈。

妈妈除了爱追剧没有什么特别的爱好，一不打麻将二不跳广场舞。老妈，其实你不说我也知道，你也只是个柔弱的女人，你怕黑怕虫怕打雷，会掉眼泪，也会笨手笨脚被针扎到，而你却硬生生逼自己坚强，把温柔全给了我。所以，妈妈，我更希望你活得自私一点、洒脱一点，因为你除了是我妈、是我爸的老婆，你还是你自己，理应是一个独立生动、有所追求的人。

我还想说：老爸，真的，你都不知道我有多么敬佩你。因为这份敬佩，我抗争着，想努力把自己变得优秀，想成为你的骄傲。

好在你从来不把我当成弱势的一方，你给予我最好的物质条件和精神鼓励，即使摔倒摔疼了，大不了哭一场，站起来拍拍灰再走便是，别人可能说女孩读读书就好了，然后找个好人嫁了，安安稳稳地过一辈子。但你很支持我，我问你："这么做可以吗？"你总是回答："这是好事，去做吧！"

我离家求学，你不舍，高考填完志愿的那个下午，你坐着不说话，一直翻地图，看呼和浩特离湘潭的距离，看湘潭大学周边的食宿条件，我知道你当时心里肯定空落落的，肯定是后悔的。我刚成年的那年，偏离了你和妈妈预定好的路线，没能留在家乡读师范。我像水一样漂流，或湍急或缓慢流过，不回头，带着一腔孤勇，义无反顾地漂流到一千八百多公里外的地方。但你爱我，你尊重了我的想法，放手让我走，让我去追自己的梦，我去追梦，甚至多次说自己想读一辈子书，不想踏入纷乱的社会，你二话不说，支持我："爸能养着你！"

三十多年前，你也是在我同样的年龄独自离家，离开奶奶，背着一个破破烂烂的蛇皮麻袋，里面没几件值钱家当，不回头地挤上满是人的绿皮火车。三十多年前的你与现在的我开始重叠，但我比你幸运，生在这样一个年代，这样一个家庭，我没吃过苦，因为我知道，这些苦你和老妈早已替我尝尽了。

我不断回忆，就像沙丘中一片没有生命的贝壳，积满了干燥的盐粒，而漫漫长夜才刚刚开始。我常把自己想象成一根草，在离故乡一千八百多公里远的地方接受寒风噬咬，湿冷的空气在头上不停翻滚。我时常做梦，梦到小时候住的两间砖房，那些人，那些事在我的梦里，像褪色的积木一样构造着我零零散散的回忆。

其实在写这封信前，我已经给你们写过很多信，大多数是在感恩节、母亲节或父亲节，那些都是回应节日的仪式感，而这次，我无比庄重地写下这封信，试图重新审视自己，也审视我与你们的关系。我不止一次觉得自己是个多么多么幸福的孩子，你们爱我胜过爱自己的生命，这一点毋庸置疑。

不知不觉，已经写了这么多，像妈妈常说的，“家长里短处处是人生哲学”，入眼处尽是平淡如水的琐碎。日子细水长流，也毫无波澜，然而只需小小一粒石子便可激起心中无限涟漪，使压抑许久的情绪层层散开，最终如排山倒海般呼啸而来。

我现在就有个幼稚的念头正呼啸而来，就是希望你们可以快乐地活很久很久，直到我也变老，然后我们一起笑着，闹着，永远在一起，这就够了。如果时间无情，我将拼命抓住当下的一分一秒，我开始相信宿命，下一个轮回，我来当一次大人，我去百分百爱你们。

你们的女儿：渲妹

2021 年 11 月 20 日

慢慢喜欢您

黄睿飞

亲爱的外公：

好久不见，我很想念您。

雄鸡报晓，我想念您；晚霞满天，我想念您；星月交辉，我想念您……

人们常说“念念不忘，必有回响”，可是我与您，终究跨越不了生与死的距离。那年冬天，您卧病在床，紧紧地攥着我的手，欣喜地说着未来的事，我静静地看着您，默不作声，只是因为我害怕，害怕打断您之后便再也没这碎碎念。但您还是在一个夜晚，结束了人间这场旅行，独自奔赴下一场山海。

从那刻起，脑海便总浮现您的模样。也是从那刻起，我对您的想念，再也没能得到您的回应。许是因为您知道我从小就怕鬼，所以就连我的梦里都没您的身影。于是，我开始从旁人口中追寻您的踪迹。您知道吗？在他们心里，您永远是乐善好施、温恭直谅的老人家。听到这里，我不禁笑了，笑他们“知人知面不知心”。这话如果是被小时候的我听到，定会气得跳脚吧，因为在那时候，我的调皮捣蛋正好碰上了您的严气正性。

仍记得那个冬天，银装素裹，粉妆玉砌。看着雪地里活蹦乱跳的小鸟，我幽怨地盯着您，哼哼唧唧地抗议。不出意料地，您又只是抬了抬眼皮，紧接着“你这身板，又小又弱，出去玩雪这事儿，没得商量”从您口中飘了出来。这个冬天的第三十三次出逃计划，再次以失败告终。耷拉着脑袋，我只能继续陪您听着属于那天的早间新闻。那以后，我不是没有尝试过第三十四次、三十五次甚至三十六次出逃，只是就算世界末日来临，您给的答案永远都是那一个，从未改变。就这样，我在屋子里度过了一个只有您和早间新闻的冬天。

小孩子的情感世界永远都是那么简单和纯粹，那时的我也一样，您肯定难以相信仅仅因为您不让我玩雪这件事，我在我的小本本上记了三年。在那以后，外公在我心中就是令人生厌的老头。

严肃刻板，不通人情，这样的老头形象在我的小本本上一直持续着，直到表姐考上了重点大学。作为家里第一个考上重点大学的孩子，她接受了所有人的赞美和奖励，当然也包括外公您的。那是我第一次真正看见您笑，不是儿女眼中和蔼的笑容，不是学生眼中鼓励的笑容，而是发自内心的欣慰，因为喜悦而产生的笑容。阳光洒落在您的脸庞，微风仍吹不乱您的头发，您的笑容让我的努力从此有了目标。

我想再见那喜悦的笑容,亦如儿时对玩雪的渴望。渐渐地，我尝试着抛去对您的厌恶，开始慢慢喜欢您。

时光匆匆，又是三年。我在考场上挥洒汗水，您也默默地准备着那场七月的耄耋之宴。要说您最期待的八十岁贺礼，那注定是我准备的。刚好是一个黄昏，麦子刚好成熟，炊烟恰恰升起，而在一隅角落里，一朵云悠悠飘过。我匆匆地跑下楼，就连落下的鞋也来不及捡，跌跌撞撞地扑进您的怀里，什么也没说。单单是听那爽朗的笑声，我就能知道您对我送上的这份贺礼有多满意。现在看来，那场考试替我达成了人生中最有成就感的事。

我越发喜欢您了。高三那年，我与十年寒窗进行着最后的博弈。而您的身体状况却每况愈下，我难以想象一个体重不到九十斤的男性该怎样才能撑起一百七十厘米的身高，我更难以想象一个人几乎每天都只能躺在病床又是怎样的一副光景。尽管已经被疾病折磨得不像样子，您却依然咬牙坚持着，亦如几年前不让我出去玩雪那般坚持。我知道，您在赌，在赌一个机会，一个让您看到我考上大学的机会，一个让您能放心离去的机会。

又是一年冬天，凄风苦雨，天寒地坼。新冠疫情在那年与寒风一齐肆虐了大地。听到读书的孙辈们都放了寒假，您执意出院，念叨着"好不容易放这一次假，这次不见，下次再见不知道得等到什么时候。"孩子们拗不过您，无奈之下，只能提前办理了出院手续。我清楚地记得那年您的样子，浑身上下没有多少肉，干瘦得像老了的鱼鹰，两条腿哆嗦得几乎站不稳，就像是弱不禁风的干树枝，黑亮的胳膊，布满大大小小无数个筋疙瘩，被一条高高鼓起的血管串联着。我强忍泪水，接过您又小又瘦的手，攥紧又放开。您掰着指头和我算着："今年我八十二，你一年回来两次，若我还能活三年，那我还能见你六次。"说到这儿，您那双曾经被岁月沧桑过的眼睛，似乎有光彩闪过，那光彩流转着，仿佛回到了一个纯真无邪的童年。

"跟死亡讲道理很难，对你爱的人放手也很难。"我始终无法相信，您那么大一个人，怎么能进到这么小的一个盒子里，从此您跳出了时间，成了一颗星星，而我，在那个冬天，做了能在葬礼上描述您一生的人。从那以后，我的每一支笔，都知道了您的名字。

如今，我已然达成了您的心愿，考上了一所不错的大学，认识了一群不错的朋友，身体健康，心情愉快，一切都好，只是没能再见到您那和蔼的笑容，没能再听到您那爽朗的笑声，让我有些遗憾。几年前大火的《慢慢喜欢你》现在依然是我的单曲循环，不为别的，只是因为我也有慢慢喜欢的人，那便是您。

"慢慢喜欢你，慢慢地回忆，慢慢地陪你，慢慢地陪你老去，只是因为慢慢是个最好的原因……"外公，另一个世界一定很美吧，但也别忘记想念我。

您的外孙女：黄睿飞

2021 年 12 月 1 日

致亲爱的妈妈

陈文倩

亲爱的妈妈：

此刻的我坐在学校书店里写这封信，耳机里播放着《好久不见》。阳光透过百叶窗帘的缝隙一条一条洒落在桌子上，投在信纸上的那一缕格外耀眼。不禁让我想起在家复习考研的大半年，您下午从店里回来，陪我在阳台晒着太阳看书，听我念叨在书里的新发现。那是我最惬意的日子了。

而现在，我离家已经三月有余，也是近几年来我离开您最久的一次了，尽管这不是我的初衷，但这一次我走得更远。您虽然没有在平时的微信聊天中表达对我的爱和想念，但我永远都认为妈妈的爱是最无私和最长久的，也许正因为如此，我们每个人都把这种爱当成了无条件的，才会在生活中忽视很多爱的表达。今年最让我遗憾的就是错过了您的生日，虽然我说是因为开学太忙，要适应新环境，但我还是在心中愧疚不已。以后我再也不会忘记您的生日了，哪怕在两千公里之外。

不知道您最近的睡眠是否还好？还有上次寄给您的暖贴有没有让您胃的不适有所缓解？每次视频也没有好好听您说，都是我在说自己，您也总是怕耽误我学习就匆匆结束。不过，我还是会坚持做到每天拍午饭照片与您分享，让您看到我能好好吃饭，照顾好自己，这样就不会让您为我担心。还想和您说的是，我重返校园后，有很多与之前不一样的感受，对学习的态度也大有不同，我的室友们也都很好，还没和您仔细介绍过她们。一个是和我超级契合的小艺，看到她的网易云歌单和我的差不多一样时我都惊呆了。我们的生活习惯也很相同，一起早睡早起，一起去自习室学习。还有一个是漂亮的小英，记得给您分享过她的照片，当时还怪您没有把我生得像她那么肤白貌美。但我悄悄告诉您一个秘密，我有时候会听到她讲梦话，还会因为在梦里遇到可怕的事物呼喊我的名字。更有意思的是有一次，另一个室友半夜上厕所，听到她说话，以为她醒了，还和她一来一回地对话。到白天问了之后，才知道她是在讲梦话，这个对话的室友就是小肖，她就是那个结婚生子后边带孩子边复习考研的同学，我们都非常佩服她。说到这儿，又想到我的“不婚主义理论”和我放弃了“铁饭碗”来读书。

这两年里，我听了很多人对我的否定和劝告，但因为您的信任和支持，就让那些困扰都烟消云散了。好像从我记事起，您就总是会尊重我的选择，也给予了我最大的信任。可能也是因为如此，我才明白要对自己做的决定负起责任，也想成为更好的自己。您总说，只要我健康快乐就好，现在，我也希望您能健康快乐。自您做了手术后，我时常担心家里本就不好的气氛会再次影响您的情绪，不利于身体的完全恢复。所以我总是想要在聊天的时候逗您笑，希望您在沉闷的生活中多一点欢乐。既然您选择不放弃这个家，那我又怎么能违背您的意愿呢？

只希望您能照顾好自己，有开心和不开心的事情都要和我分享，想念我的时候随时给我打视频电话，或者您也可以写下您不太说得出口但又想表达的话语。还有就是您也别太担心疫情对面馆生意的影响，这些困难都只是暂时的，我们齐心协力会渡过难关的。而且我有奖学金和助学金，您只要照顾弟弟就好。这其实也是我一直所内疚的，恰巧在这个时期放弃了工作选择读研，给您也增添了很多压力，但您的支持和鼓励让这份内疚变成了更强大的动力。我会好好念书，朝着自己的方向稳步前进，不会辜负您的信任，也不会辜负学校给我的学习机会。

您还记得我说要带您去青岛定居吗？因为您说那是一个很舒服的城市，我也时常会想起您第一次看到大海时的喜悦。或许会让您久等，但我一定会实现这个期许。

信纸上的那束阳光移走了，我站起身关上了斜后方的窗户，湘潭的太阳比家乡落得早，南方的冬天也比北方的湿冷一些。我紧了紧衣领，想念家里的暖气，更想念您做的那一碗热腾腾的汤面条。

“喂？妈妈你在干吗？”

“我刚到店里，马上饭点要忙起来了，怎么了呀？这个时候打电话过来。”

“哦哦，没事没事，就想说我想吃您做的汤面条了，哈哈。”
“你还有一个多月就放假了，回来那天就做给你吃，今天你就在食堂吃个面吧。”

“好的好的，我正准备去吃饭了。”

“那你快去吃吧，吃好一点啊，不要省钱，我也要忙了。”

“嗯嗯，您放心，我给您拍照。”

“好，那快去，挂了哦。”

“好的好的，还有，妈妈，我想你了。”

“我也想你，快去吃饭吧，天冷了出门多穿点。”

“好，妈妈再见！”

挂了电话后，我还是想把这次对话记录下来，一并寄给您。因为这是我们第一次直接地表达思念之情，而且我感受得到您在回答我的时候是带着笑的，愿您每一天都有这样的笑。

您的丫头

2021 年 12 月 2 日

给奶奶的一封信

奉明辉

亲爱的奶奶：

自违慈训，倏忽经旬，叩别尊颜，已逾数月。

真正促使我写下这一封信的是刚刚挂断视频前的那句话："我的娃好久没和我打视频了。"我看得出您是真的开心，脸上每一条皱纹都成了微笑的弧度，而在这边的我，心上忽然拴上了铅石。

其实，我和我妈每天都视频通话，只是和您还没有。

其实，您都知道对不对？

您生了五个女儿，到了生我五姨的时候，听别人说，直到五姨满月，爷爷都没有回来看过您一眼，只是哼了下鼻子和别人说："还能有啥？又是个女娃娃，儿子都生不出的有什么用。"时间过得真快，我爸"嫁"给了我妈，您逢人便和他们说："这是我儿子。"您那些不知情的广场舞姐妹们就指着我爸的背影说："你儿子还开车送你来跳舞啊！你老鬼生了个好儿。"您既是我的奶奶又是我的外婆。只是，在爷爷骂我爸爸是个外姓人的时候，您似乎没有和爷爷理论过："这是我儿子。"

我生在农村，留守儿童在农村似乎是随处可见。自幼跟着您长大。爷爷是当地的老木匠，十个月有八个月在别人家做事。而我的父母在被大山锁住的家乡之外的大城市里务工。一年也就回来两次，儿时，伴着我更多的是您，我们俩在一所老房里细数着山间的岁月。

农忙时分，您担起一大担红薯，我跟在身后，拖着一把沾满泥巴的大锄头，我记得我在狭窄的田垄上走过，教您唱："a，o，e，i，……"我记得我站在井边洗衣板上和您说，今天我和老师上课聊我家有多少只鸡，多少只鸭子，我记得学校里每天中午放在我们饭盒里的包子，我总会留一个带回来，然后和您猜是什么馅的，再一人一半吃掉。

我清楚地记得稻谷收成时，阳光中灰尘飞舞的样子，我也记得躺在晒东西的篷席里，看天上星星几许的夜空，您说："再不起来，我就把你一起卷起来了啊！"

从我少年开始，您开始了长达 6 年的陪读生涯，打小没住过宿舍的我，现在缩坐在宿舍桌前，才知家里的火炉有多温暖。

入了城镇，您穿起了白裤子、花裙子，甚至还有高跟鞋，也许是我处在叛逆期，您的缺点在我眼里无限放大，您为了赶早跳广场舞，电饭煲上蒸一碗咸菜就是我的早饭。后来，我学会了做饭。您为了出去旅游，留我一个人下晚自习在出租屋过夜，后来，我学会了自己睡，您也会和周围的阿姨们攀比彼此家小孩的成绩，然后回来指责我"怎么一下子从第一名滑到了第七名，肯定是你心高气傲，眼高手低"。那段时间，同学的孤立和您的不理解，是压在我心里的两座巨石。

最后，"战争"爆发了，您在操场见到了我的班主任，说我成绩下降得很快，白天晚上都在玩手机，我的老师说我表现一直不错，您还不信，回到家里，直接把我手机抢走，我躲在房间里听着外面的谩骂，终于忍不住夺门而出。

我哭着打电话叫我的妈妈回来，不要出去打工了，我真的很需要她，撕坏了的遮羞布再怎么缝合也回不去了。我和您长时间的冷战，就像一块化了脓的伤疤，内里在不断地腐烂。那些童年时的静谧时光再也找不回来了。

您总是说自己哪里痛，说带您去看医生又不去。

您总是玩手机玩到半夜，要您早点睡又不睡。

您总是吃很少的饭，要您多吃点又不吃。

您喜欢听甜言蜜语，喜欢小孩子气的糖果与衣服。

我不喜欢柔软无力，我与您越来越远，最后，我最终知道了答案，那是您的孤独与郁结。

在我刚来大学的那一晚，您告诉我要加油，努力读书才有前途，您老了，身体一天不如一天，脸上的皱纹也一天多过一天，小老太太跳舞跳不动了，高跟鞋踩不动了，回忆的青春消散了，剩下的生活只有我们了。

家中的农活一点没少，妈妈身体不好，您也不太健康，少干点，大不了少吃点，别逞强。

“您给我晒的红薯干子我还没吃完，寄过来的衣服已经穿在身上了，放一百二十个心，秋裤也穿了，老厚一条咧。”

您和妈妈在手机小小的框里，爷爷嗑瓜子的声音从手机里传来，我想，他一定还是坐在他雷打不动的位置上，眼睛看着电视，耳朵却竖得像根天线听着我这边的动静吧！

奶奶您刚刚在手机里对爷爷说：“你四姑娘说今年过年要回来看你，五姑娘问给你寄的鞋子穿着暖和吗？”

爷爷迟疑了两秒，又抓了把瓜子：“暖和，暖和呢！”

奶奶又转过脸将手机对准自己：“娃，要好好吃饭，别省钱，喜欢吃红薯干子你就多吃点，不够我就给你寄点来，家里还有多多的，过年回来吃。”

我还有好多话没讲，手机里说不完。

您等我回家过年。

我要给您买一件大红棉袄回来，对了，还要和高跟鞋说一句对不起。

您的孙女：奉明辉

2021 年 11 月 29 日

家书薄浅情万千

胡竞文

婆，好久没听到你的小曲了。

甚是思念。思念悠远的苏城内，那温柔而绵长的气息，像揉碎三月桃花香，掠过碧色爬山虎，不疾不徐，轻轻浅浅地漫溢开去。

如今，耳畔多斥喧嚣，却独念你温软曲调。

我常与旁人提及你，提及你的昆曲，也会学着你的腔调给他们哼唱几句《牡丹亭》。绵长莺啭中，仿若我已立于小庭深院，青石板依旧斑驳，高墙自墙角处发霉，那便是你唱了大半辈子昆曲的苏式小院。不禁贪恋流逝的光年，在回忆里追捕你我的昔日模样——那时的清晨总会充斥着你的练嗓声。幼时蒙昧，不懂为什么一句“袅晴丝吹来闲庭院，摇漾春如线”要反而复之无数遍，常故作大人腔调，向你发问道：“阿婆，咋又是这一句？”“你个娃娃懂啥哩！”随即便浅笑着轻斥我，用你那长袖抚过我的脸颊，转身继续回环往复一唱三叹。如今细酌，才懂得那是你对昆曲热烈的喜爱与极致的追求。那是你作为一名昆曲传承者最朴素却最高尚的情感。

笔落忆涌。关于你的一切仿若是老盒子里的旧梦，或是夏末秋初旷野上最后一株蒲公英——一碰便四处飞散，风雅到了极点。

你总是邻居眼中歆慕的存在，也是我私藏的骄傲。

晚暮中的苏式小院便是你的主场。暗黄灯光下拉长的身影，围坐的是最纯朴与忠实的乡邻。此起彼伏、时急时缓的曲调在他们头上漂浮荡漾，水磨腔之纤细绵长，中州韵之古雅圆润于他们便是庸碌生活的一晌贪欢。我仍记得拉车的五爷靠在阴影中喝着小酒、听着昆曲时静默的脸，像是褪去了白天讨生活时恭维与妥协的面具，在傍晚时分做回了自己。仍记得为了供弟妹读书而退出文艺团的陈二姐，听着昆曲，扬着嘴角，却不停反手抹去流下的眼泪。而记忆最深的还是你，一旦踏入这苏城小院便不曾再离开，连同你的心、你的曲。

无论身处何方，只要听到婉转缠绵的曲调，总会想到青瓦粉墙上那挽着垂丝的你，想到你挽花细步之柔媚，长袖舞蹈之袅娜，那是已烙在我的基因里、不可剥夺的东西。

你轻娇的步伐，踩着淡糖水似的晨曦，东迈西踏着穿过我整个童年。直到那段日子，你一句唱词要被止不住的咳喘打断数次。清晨练嗓被迫停止。仍记得你无措的神情，像个犯错的孩子杵在原地，然后便是无尽的沉默。朝阳变成落日，小院依旧无声。你在院子一头坐了许久，暮色淡淡，落在你的额发，铺成一片银粉。静谧间，微哑的声音响起：“告诉乡亲们不必来了。”那一晚，小院未点灯火，一片寂寥。

终究是步伐不再清盈，体态不再纤瘦，嗓音不再柔美。终究是败给了时间。终究是这样吗？我静立于院子另一头，望着你，眼底尽是心疼与伤感。

次日傍晚，灯火重点，昆曲再响。娇小的身躯披上凤冠霞帔，头戴累珠叠翠；稚嫩的脸上涂抹温柔胭脂，轻点朱唇；清脆的嗓音弥漫在苏城温软的空气里。是我，在小院唱起了昆曲。

曲终人散，仍记得你望了我许久，终于发声："娃娃，该你了。"

你的昆曲，那溶入骨血的生活情趣与性灵追求，兜转一路，竟生根于我的血脉里。昆曲传承者，这是你用一生所守护的身份啊，我是何其幸运，才得以守护这份荣耀。正因有你这般对传统戏曲的坚守者，苏城昆曲将永远留于人心。一帘杏花春雨，共赏梧桐三叠韵。

婆，我总是羞赧于在你面前用言语表达出钦慕与崇拜，望此信能传达出我万分之一的情感。

我感谢你，赐予我一个昆曲相伴的童年，让我在幼年便可享受这人世间最美妙的欢愉；我感谢你，用温软的曲调熏染我朴拙的性灵，让我在少年便可体悟这小众却大美的昆曲文化；我感谢你，用几十年的昆曲时光告诉我传承者的使命，亦用你的一生铸造了我的一生。

婆，感谢你。愿你的一生因昆曲而永远灿烂，愿昆曲因你的一生而永不止息。

离思

赵文杰

亲爱的爸妈：

敬颂冬绥，见字如晤。

女儿离开家来到湘大已近三个月了，总是会想起家里的一切。而现在，我想讲一个"故事"给你们听。

他们就静静地站在那儿，脸上还带着微笑，但似乎又被一层忧思取代。就在这一刹那的时间，我离父母远去……

风簌簌地在天地中穿梭，不觉吹落了小女孩头上的遮阳帽。一旁的父亲反应迅速地抓住了即将落地的那顶帽子，小女孩惊呼着："哇！爸爸好厉害！"是啊，父亲的确很棒，小女孩也为有这样的爸爸而感到开心。与此同时，一旁的母亲接过帽子，仔细地给小女孩戴上，脸上尽是宠爱。不过，那时的小女孩或许从未想过，有一天她会离开父母独自成长，去学会自己抓住那顶被吹落的"帽子"。

伴随着日升月落，一日三餐，小女孩渐渐长大，到了该上学的年纪。崭新的书包、文具，漂亮的连衣裙，一切准备工作完成，小女孩也踏上了通往学校的路。在校门口，小女孩依依不舍地抱着妈妈不肯放手，父亲在一旁充满了无奈，可眼里却也是不舍的柔情。终于，小女孩在妈妈的安慰下一步三回头地迈入了学校的大门，门口的父母一直目送着小女孩远去，直至看不到小女孩的身影才不舍地离去。就这样，小女孩第一次感受到了离别，虽然不是长时间的离别，毕竟每天都能回到家，尝到家的味道，但是，一颗离别的种子已在小女孩的心中播种。

转眼，小女孩上中学了，与家的空间距离拉长，加之学习的压力，回家的机会也越来越少，和父母间的桥梁是那一束跨越山河的通讯光波。

"妈，我们这周的周测好难啊，我考得不太好，我真的好累啊……"

"别着急，慢慢来，一个一个解决，妈妈相信你能做到，别太勉强自己，放松心态，下次一定会有进步的，对吗？"

“平时多吃点，别舍不得买，天冷就打电话，我们给你送点衣服，好好学啊，我和你妈都好，不用担心我们……”

“知道了爸，我会努力的。”

在电话的两端，是亲情跨越离别的相遇，但总是少了一份无法触摸的温暖。

如今，我上大学了，离开父母去到了更远的地方，空间距离在不断拉长，但父母和我的牵绊却愈发厚重。我舍不得吗？是的，我舍不得离开他们，舍不得离开温暖的家，舍不得离开故土。

古人送别多在长亭细柳之处，而我和父母的离别只是烈日下宿舍楼旁的一片空地。父母看着那个已是大姑娘的背影离去，似是已寻不到多年前那个胆怯的小女孩的影子，心中满是欣慰，但却又不禁掠过一丝怅然，小女孩已不需要他们每日的唠叨，她长大了，自己也是大人了。可是，他们不知道，曾经的小女孩依旧需要唠叨，即便她知道该怎么做。那个姑娘在和父母道别后径直走向前方，她不敢回头，她怕看到父母的不舍，也怕看到父母后内心最后一丝坚强崩塌。

这不禁让我想起朱自清先生所写的《背影》，父母对子女的爱是朴实无华的，从来不会有耀眼的装潢，这份爱无处可寻但又无处不在，子女总能感受到其中温暖。同样地，小女孩和父母的距离虽然在不断拉长，但爱始终维系着这份亲情且无法分割。而父母同样也希望那个小女孩真正地长大了，她不再胆怯，不再自卑，能自己走完接下来的路，带着他们的爱和期盼坚强地走下去。

虽甚是想念，但我知道我应该去做什么，女儿不会辜负你们的期望。你们一切安好就是给我最好的礼物。

爸爸妈妈，女儿在这里一切都好。

你们的女儿：文杰

2021 年 12 月 12 日

一百天

陈星宇

亲爱的腾女士：

见字如面。

自我上次目送您的背影消失在车站人群中，回到宿舍悄悄抹眼泪以来，已经一百天了。在与您分别的这第一个一百天里，我才真正成了一个可以独当一面的大人，而不再是遇事只会缩在您怀里哭泣的“妈宝女”。

第一天，您告诉我：“总依赖别人就永远都长不大”，此后，我懂得我必须得真正成为一个独立的大人。陌生的城市和人群都让我感到不安，我跟您视频通话，从手机里看到您熟悉的面庞时，我的泪水争先恐后地往外流，我与您诉说着我的不适应，我的孤独，它们就像洪水猛兽一样吞噬着我的心智。可您只是用那双眼眶湿润的眼睛看着我，轻声跟我说：“总依赖别人就永远都长不大。”您的话就像安神剂，安抚了那些洪水猛兽，安抚了我眼中想要逃出去的眼泪。从这一天起，我开始蜕变。

第二十四天，正在蜕变的我被军训打败了。一个人的中秋节、炎热的天气、教官的严厉、辛苦的训练、痛苦的惩罚、无法融入的集体，明明是假期却还要军训的不爽，它们通通奔向我。我感到身心俱疲，我想放弃，我开始想念您对我的无微不至，想念只要有您我就什么都不用愁的日子。又一次与您视频，我分明看到了您眼里的担忧，我的心突然感到刺痛。我突然发觉自己一直都在给您添麻烦，一直让您担心，一点小伤小痛都会找您哭诉半天，让您头疼。我好像突然理解了为什么外出工作的人都习惯于“报喜不报忧”，因为关于孩子的任何一点小事都会让父母提心吊胆一整天，没有哪个父母会希望自己的孩子过得不好，自孩子降生的那一刻起，父母的所有喜怒哀乐都为孩子而牵动。所以我最终还是选择了一个人扛下这些不适，对您露出一个大大的笑容，做孩子的我希望您也能开心。

第六十八天，我发烧了。没有人照顾我，没有人会守着我一夜直到我退烧。我脑袋里像灌了一桶浆糊，无法思考任何事情，唯一清晰的只有我生病时你对我寸步不离的身影，以及我生病时你蹙起的眉。我终于忍不住又大哭了一场，我自己买药、自己吃药，自己学着好好照顾自己，直到退烧。我一定是以前被您照顾得太好，不然我怎么不知道原来生病这么难受呢？我借着忙的借口不与您联系，因为您总能一下子听出我的虚弱、一眼看出我的不适，我怕被您知道我生病，那样您一定会比我还难受吧？于是我下定决心一定要好好照顾自己，为了我自己的健康，也为了让您安心。

第九十九天，您和我打电话，说想听一听我的声音，只有周末我不忙才敢给我打电话。我才发现，我好像已经很久没有主动联系您了。从开始的依赖，到现在的敷衍，我变得冷漠了。

总是说忙，总是忙这忙那，但真正空下来以后也没有和您好好说过话，完全忽略了您的感受。您怕打扰我，所以不怎么给我主动发消息，那您是不是也经常躲在被窝偷偷想我呢？是不是也经常和爸爸讨论我每天都在做什么呢？是不是希望我每天在学校都能开开心心过得好呢？我想，答案一定是肯定的。我开始反思自己这一百天的变化，于是有了这封信。

说来惭愧，19 年来，还是第一次这么正式地给您写信。我来到这个世界 19 年，但您却爱了我将近 20 年。您不仅给予我生命，还给予我爱。我很感谢，感谢您一直坚定不移地爱着平凡的我。

我没有华丽的辞藻和丰富的排比，堆砌不出汹涌的爱意。我只有笨拙而生涩的词句，拼凑成一句句真情实意的话来传达我朴素的感情。

无论如何，请您相信，女儿已长大，并将带着您的爱披荆斩棘，走向星辰大海。

祝

身体健康，万事胜意

您的小棉袄

2021 年 12 月 11 日

云边有座外婆桥

周文新

外婆：

见字如面，不知安好，这应该是我第一次给你写信，我不知道你是否能听到，是否能看懂，只能将心中所想用文字记下来，写为书信，望飞云能传给你。

这样算来，我们应该是有整整十一年没有见过面了，我与你的故事开始于春天，因为我出生在春天。妈妈常常说你在月子里照顾她和我照顾了一个月，每天为我洗尿片，为我擦洗屁股，把还没满月的我抱在手里哄着我入睡，嘴里哼的是“摇啊摇，摇到外婆桥”的歌谣，我想那时我真以为外婆你的手臂腕是一条月亮船，载着我划过那座古老的外婆桥，驶向温柔的梦乡。以至于一个月后，你不再天天来照顾，而我总是不睡觉，妈妈一把我放到床上就哭，只有抱在你的怀里哼着歌谣才能让我很快地入睡，后来妈妈也模仿着你的样子，哼着小歌把我抱在手里哄入睡。当然这一切都是从妈妈口中得知。

记忆中的你总是那个样子，嘴里其他牙齿早早地脱落了，只有上面两个门牙和下面三个牙齿还在，笑起来的时候眼角全是岁月留下的痕迹。你的头发蓬蓬的，黑头发与白头发夹杂着，头上别着几个旧旧的黑色一字夹。穿的是蓝色碎花印的洗旧的白衬衫和黑色宽松的灯笼裤，你说这样穿，干起活来吸汗。你的个子不高，身子却有点儿臃肿，腿不知道是因为长年的劳作还是患有糖尿病，变成了夸张的外八型，走起路来，一瘸一拐的，像极了一个小鸭子，更像是一座饱经风霜的石拱桥。

我真正有关于你的记忆还是四岁，那时爸爸妈妈很忙，时常把我早上送到你家，晚上再来接我回自己家。时常早上我没有吃饭，你便会炒一碗香喷喷的蛋炒饭，饭上还有一点儿你自己做的剁红辣椒与萝卜条，很是下饭，但是从小吃饭不乖的我，常常会掉很多饭在桌子上，这时一向慈祥的你便会板着脸，说下次如果吃饭不认真，浪费粮食就不许再上桌了。说完你便把桌上掉的饭，收起来给养的鸡吃。小孩子总是叛逆的，总喜欢跟大人对着来，那次早上我吃饭又浪费了一大半，果真中午你没有炒我的饭，我只能在一旁干巴巴地望着，很快饿意抵挡不过倔强，更抵不过饭菜的香味，我哭着向你认错，保证下次不会在浪费了。你笑着说，这才是我的乖外孙。然后你就蹒跚着去厨房里下了一碗面条，用白色的猪油打底，放上半勺盐巴和一点点酱油，清汤漫过白色的面条，几点葱花点缀。面从你手里递过来，我也顾不上烫，大快朵颐地吃起来，吃到一半，我惊奇地发现面里卧着两个煎得焦黄焦黄的荷包蛋。我望着蛋，又望向你，你一脸慈祥地说："吃吧！这是你知错就改的奖励。"之后你的眼神望向远处，像是回忆古老的往事，说，那时候，遇上天灾，大家伙没有粮食收成，吃的是红薯，后来红薯也没有了，只能去山上挖野菜，可是山上的野菜哪里够挖，几天工夫就没有了，又得挨饿，村子里好多人挨不住饿就饿死了，我们只能去山上刨树皮、嚼树皮才活下来。你浑浊而带着红血丝的眼里隐含着泪花。我连忙向你保证以后不会再浪费粮食。你从口袋里拿出帕子拭去眼里的泪，用手示意我趁热乎吃。我也没多想，吃起焦香的鸡蛋来，只是从此在我心头种下了一颗种子：吃饭当思粒米来之不易。

可以说，我在你家度过了童年的大部分时间，于是我就成了你的跟屁虫，无论你做什么，我都跟在你后面。你时常劳作的地方，便是我玩耍的“秘密基地”，这样说来，就有三个“秘密基地”。一个是门前的菜园，门前的菜园被你做的竹篱笆围住，主要是为了防鸡吃菜。篱笆里面的土地翻得十分规整，土沟里一点杂草也没有，土地上种着当季的新鲜蔬菜。你经常搬着一条小板凳，坐在土沟里拔草，我也学着你的样子，搬着小板凳坐在你后面，不过我不是在拔草，而是在用小土块围住地里的黑蚂蚁。你经常这样一坐就是小半天，我可坐不住，围蚂蚁累了，就去捉蛐蛐儿和追蝴蝶，当我跑起来的时候，你时不时地回头叮嘱我，当心脚下。追蝴蝶累了，我就去撕老砖上的青苔，撕下的青苔是一块一块的，然后被我装在残破的瓦片上，再用几朵天蓝色的不知名小花稍作装饰，我拿到你面前说这是牛排，你便会咧开嘴大笑，漏出那口稀牙说：“好好好，我的乖外孙会做牛排了，真是个大厨师。”有时你干活忘记了时间，而我的肚子却真的饿得叫起来，你就会懊恼着说又忘记时间了，便带着我回到屋里，用一把铁丝做的“钥匙”打开卧室里的柜子，从里面拿出一个“百宝箱”。之所以被我称作“百宝箱”，是因为里面有很多东西，箱子上面一层放着几只针线盒和你和外公的旧结婚照，还有一张你年轻时的寸照，照片上记录着你青涩的模样，扎着蓬松的双辫儿，与你老了样子完全不同，箱子下面一层放着许多的零食，有我最爱的鸡颈酥、月饼、大白兔奶糖……你从里面拿出一个用油纸包着的五仁月饼给我吃，我掰下一半给你，你却连忙挥手，说外婆不爱吃，其实我知道，你不是不爱吃，是舍不得吃，所以我也撒着慌说我吃不完，这时你只好接过我手中的月饼。吃过饭后，经过午休，我发现你早就不见身影，原来是在菜园里继续拔草，这时我便不能和你一起拔草了，因为我要做作业。耐不住寂寞与内心害怕的我，便会搬着凳子在菜园的门口写作业，有一声没一声地叫着你，你也会耐心地一声接一声地应着，听到你的声音，我是如此的心安。多年后，我回想起来这场景有多么的滑稽与温馨，但是我们祖孙俩，一个人用双手在大地上写着自己的“作业”，生机勃勃的菜园是你最美的答卷；一个在纸上写着作业，写的是自己美好的未来。

第二个秘密基地是水塘边的丝瓜棚，每当丝瓜藤开始生蔓时，你就要去加固瓜棚和除草，瓜棚下是小水洼，你从来不会允许我和大我一岁的表哥下去，只能在岸边看着。一是怕我们去深水的地方玩，怕溺水，二是怕有泥巴弄脏衣服。小孩子哪里听得住劝，等你转头一做事，我们便下到另一边，在水塘边的浅水区扣螃蟹洞，扣来的螃蟹用喝完饮料的塑料瓶养着。当你回头时，我和表哥早不见身影，你着急地大喊我和表哥的名字，而我和表哥怕被你骂只好躲在深深的芦苇里。你的声音里满是焦急，声音渐渐地近了，我透过密密的芦苇的间隙中看到了你，来到我与表哥下水塘的地方，原来是看到了我们脱在岸边的鞋子，腿脚不便的你趔趄着下来，动静惊起几只远方丛里的白鹭，你拨开翠色的芦苇，看到了满身是泥的我和表哥，我看到你头上满是豆大的汗珠，患有哮喘的你，正在大口大口地呼着气，干活挽起的袖子上满是泥点儿，手臂也因下水塘被塘边的刺丛刮伤，但是你脸上的表情像是松了一大口气。就这样，我和表哥被蹒跚的你牵回了家，你厚实的手掌上满是干活留下的伤痕，皮肤皲裂处刺痛着我的手，温热的体温从你手中传来，传来的不只是温暖，还有满满的安全感。

第三个秘密基地是后山的果树林。去后山需要爬个短短的坡，走过长长的河堤，穿过一座古老的石拱桥，我经常笑外婆瘸的腿就像这座桥，再走一段小路。后山不常来，因为这里种的作物不需要你天天打理，我也不喜欢来后山，因为后山的另一边是坟场，感觉阴森森的。说是果树林，其实也不完全是，下面的缓坡被勤劳的你开垦成了几块规整的土地，土地上种的是红薯和油菜。在你眼中，红薯可是个大宝贝，因为在饥荒年代，救过人的命。现在红薯可以用来喂猪，也可以削皮放在饭上煮熟给人吃，一到红薯收获的季节，便可以吃到你煮在柴火锅饭上的红薯，或者烧柴做饭留下的火炭烤红薯。油菜用来打菜油，我却不喜欢炒菜时用自己家打的菜油，你说这是特有的香味，是劳动的气味。上面的坡是你种的橘子树和茶籽树，我喜欢爬到树上看风景，透过微风吹拂的叶子看天上时卷时舒的白云朵儿，这时你便会在果树林里用锄头除草，用柴刀砍去果树多的枝丫。有时候运气好，我能吃到你摘到茶籽树上的绿绿的茶泡和树下荆丛里长的树莓，这是难得的美味，多年后，我时常回味起那时的味道。

外婆你没有上过学，不识字，但是很敬重村子里读过书的人，也叮嘱我要好好念书，才能有出息。我记得一二年级的时候，只要我拿到了三好学生的奖状，你就会从你自己在裤带内自缝的小袋子里拿出五块钱“巨款”奖励我。妈妈曾很多次叮嘱我，不能要你的钱，因为你对自己太不舍得了，穿的衣服缝缝补补，妈妈和姨妈给你买的衣服收在柜子里，舍不得穿。菜园里的菜吃不完，舍不得扔就拿去街上买，有时去得早，来不及吃饭，就拿几个水煮蛋。妈妈和舅舅曾很多次劝过你，不要这么累自己，你却说，闲下来，你会闲出病来。后来从三年级开始，我就不再向你要奖励了，因为我也舍不得你这样累自己。

天有不测风云，在我四年级的某一天放学回家，等来的是大门紧闭。妈妈并没有像往常一样在家等我，旁边家婶婶告诉我，你出门的时候摔了一跤，摔进了医院，妈妈进医院照顾你去了。那天晚上我睡在婶婶家，可是我睡得并不踏实，担心着医院里的你。晚上一点多，爸爸回来了，带回来的却是你去世的消息，我哇的一下哭了，你的身子骨还算硬朗，年纪也才只有六十五，你却没有见我最后一面就走了，爸爸说是这一摔把你身体里的病全引出来了。次日，我来到你家，外面的人吵吵闹闹地在帮忙搭灵堂，房间里，你安静地躺在卸下的门板上，像睡着了一样，身上盖着红色的寿被，上面绣有龙凤呈祥的花样，长明灯的火光映着绣有“发财”字样的鞋底子，你的脸上盖着一条干净的粉色手帕，头上的头发蓬蓬的，依旧别着那几只旧旧的一字夹，旁边纸钱盆里纸钱燃烧的烟熏得我的眼睛有些胀。送葬那天，人们抬着装着你的黑漆棺材，舅舅在棺材前捧着你那张青涩却有点陌生的黑白照片和引魂幡，路过门前你最爱的菜园，路过水塘边已爬满青色瓜蔓的瓜棚，爬过短短的坡，走过长长的河堤，穿过那座像你的石拱桥，到了后山，这便是你长眠的地方。阳光洒在后山开得正盛的油菜花上，引得蝴蝶翩翩，他们都说，这样的好天气是你在保佑后人，可是这样的景，你已经不会再看到……

写到此处，泪眼潸然，往事犹在眼前，不忍多写，只望你在另一边能过得快乐。

你的爱外孙：阿云

2021 年 11 月 23 日

槐花下的深情母爱

段家瑞

我是何其幸运，母亲又给了我第二次生命，我想对你们说：现在的我生活得很好很好……

母亲是在年轻的时候外出打工和父亲初识的，父亲的老家在湖南，母亲的老家在广西，母亲是少数民族——壮族姑娘。听奶奶说：当年父亲其实在老家已经讲好了一门亲事，就等过年回来把婚礼的事办了，就是有妻有家的男人了。不知是父亲不喜欢，还是反感祖父和祖母一手操办婚姻，那一年趁年轻敢疯狂，就跟母亲谈了恋爱，也是这一年就孕育了我，跨越两省，相距千里，母亲从广西嫁到了湖南。我的老家大致位置是在湘江的一条支流旁边，湘江水常年碧绿清澈，奔流不息，造福河两岸的平凡百姓；河堤边有一棵百年老槐树，一到夏天就会开满白色的槐花，会有一种翅膀上五彩斑斓的蝴蝶整天围着槐花四处纷飞，槐花香气经常会随着阵阵微风徐徐飘进村里，整个夏天都是香的，我特别喜欢到槐树下看蝴蝶飞舞，陶醉花香。

出生后，母亲在我断乳后就和父亲一起外出，又开始打工人一年又一年的辛酸苦辣。我跟着祖父、祖母在老家生活，靠着湘江水的馈赠，慢慢长大了。

时间很快，日子也很平淡，可我们很幸福快乐，五岁时，我也有了一个可爱妹妹。父亲常年不在家，母亲也在妹妹断乳后出去了，他们只有在过年这种重要日子才会回来，过年后会带着我去广西外祖父母家串亲。从此我就多了一项任务——照顾妹妹。日子依旧普通，每天我和妹妹一起上学，一起放学回家，督促着做完作业后，就和妹妹坐在一口黄泥土打的灶台前，把大锅添满水，柴火烧旺，把水烧开，准备好晚上的洗澡水，等祖父母从田间回来，吃完晚饭后，洗好澡，端坐在黑白电视机前看着大人们爱看的京剧和渔鼓，困得不行就在祖母的蒲扇下安然睡去。

再大点后，我去县里上了寄宿初中，只有月底放假才能坐班车回家，念初中的我手臂更粗了，肌肉更扎实了，每次放假回去都要帮祖父母干好多的农活，摘花生、割黄豆、背芝麻、割稻谷、挑水浇红薯苗、赶麦田里的麻雀、给油菜苗撒灰……那时的我对未来充满无限想象，自信飞扬，坚信脚下的路鲜花夹道，未来可期。

初中毕业后，如愿进入了县重点高中，不过还是寄宿在学校，用一部母亲淘汰的按键手机，周末短暂的休息时间开机，维持着与祖父母和父母的联系，这样的时光真的足够美好，好希望可以一直维系下去。

命运也许就喜欢捉弄人，尤其是那些普通人。还是那年夏天，也许河堤上的老槐树早已开满了槐花吧？我的身体开始出现了异样，起初没在意，临近月末，我的双腿越发臃肿，明显感觉体重也在不断上升，上厕所的次数很少，我害怕自己出现问题。尤其记得在最后一次体育课解散后，我是从一个不高的台阶跳了下去，双腿却无力径直跪了下去，我越发害怕，五一劳动节放假回家后，祖母第一时间发现了我的异样，叫祖父火急火燎带我去了镇上的医院检查，很快抽了血并验了尿，坐在过道的长廊里，我幻想过一定没事，一定没事的，意料之中，结果很不好，记得当时尿检显示尿蛋白四个加，接诊医生告诉我们说：很有可能是肾炎，需要马上到县医院住院并接受治疗。当天下午，坐着三点的县班车又往县城出发，那一次，我感觉两个小时的颠簸之旅好漫长好漫长，我依靠在窗边，吹着冷冷的窗风，我想了好多好多以后的事……命运二字勒紧了我的心脏和肺部，我血流不畅，呼吸困难，眼里蓄满了泪花。也是那次回家，我都没来得及去河堤上看槐树究竟开花没？到达县城后，租车到了县医院，当时天色已经很晚了，昏暗的灯光下急诊科还在嘈杂忙碌，医生用力地按压我臃肿的双腿，凹陷下去的皮肉久久不能恢复原状，我的心也随之沉入到了湖底，医生马上安排我做了常规检查，之后我被安排到了一张急诊病床，护士过来为我输了液，祖父那晚一直陪着我，我听他的话闭着眼，却一直未曾睡着，透过眼缝里的余光，我发现祖父焦急、憔悴，本就布满皱纹的脸越发明显，我只能假装转身默默地把眼泪抹干净。隔天我就住进了肾病内科病区，父母也赶了一天一夜的火车到了县医院，最后我确诊为肾炎。需要长期吃激素治疗，一旦恶化，就会转向尿毒症。“尿毒症”对于年幼的我是多么可怕的名词，在此之前唯一听过它也只是在高中的课本上，我始终没想到我可能会是它的一位经历者。在知道我的病有多么严重后，心里的防线再也把持不住：我的人生完了吗？我的人生还有可能吗？种种焦虑，种种疑问，种种愁楚，摧残着我本就脆弱的内心世界。也是那次，父亲在医生面前哭成了一个泪人，那是父亲唯一一次为我落泪，泪水里满载着的是对我的关怀和担心。听护士说：这种病在发病期间很容易血管堵塞，造成心搏骤停，曾经有一位相同病状的患者，入院第二天就出现异常，最后没有抢救过来。

激素治疗真的很漫长很痛苦，用温水送服后，口腔里弥漫着淡淡的苦涩，咽口水都是一丝丝苦味，刺激神经，也一次又一次刺痛我的心，尽管母亲每次会递给我一块甜甜的水果。在半个月的治疗之下，病情逐渐好转，尿检结果也都显示阴性，医生说再住院休整观察半个月就可以出院了，这个消息对于当时的我来说，不知道是好还是坏，我曾想过，就此离去，余生不再被病痛折磨，可我能这样做吗？

后来父亲去学校为我办了休学手续，来年我再重新读书，意味这一年再也不能回到课堂，意味着会白白浪费一年的光景。不多久，我就出院了，回到家后自己悄悄地来到了老槐树旁，确实，它还是开满了一树的槐花，可我却怎么也欢喜不起来，原本的槐花香也淡然无味，我的苦难何时结束？我虽然还算幸运，激素治疗的效果很好，可它的副作用很多，时间一久，原本精瘦的脸变得肥胖圆润，健硕的身体也慢慢臃肿起来，走路时随着左右步伐全身的皮肉跟着颤抖，镜子里的我完全是另一个模样，只不过他们都拥有同一个灵魂而已，我承认，当时的我一定是抑郁的我，一定是让父亲和母亲偷偷伤心的我。

等到家了一切都打理好，父亲又出去打工，母亲也在此之后开始了她的漫长陪伴之路，小心翼翼地关照着我，从此母亲的世界变得很小，小到只有我。她知道我喜欢槐花，就每天搬着长梯爬到槐树上为我摘上一朵沾着清晨露水的槐花放在我的床头。休学的那一年真的很漫长，直到槐花全都落了，它还是没有结束。夜晚我无数次幻想康复的我会是什么模样呢？回到学校的我会是什么模样？无数次哭湿了枕头，最初的那段时间，夜晚似乎成了我最好的知己，也只有它能默默地接受我的苦、我的痛，用它的漆黑色保护着我不被别人发现，直到看着我慢慢地睡去。每天还是很平淡，也很乏味，却怎么也削减不了我心中的害怕，反而日益增加，可母亲的爱却从未减重半克，她始终用她的方式关爱着我，关注着我所有的一切，不知何时，在槐花落去的时节，每天清晨我的床头依然会有一朵新鲜的槐花，后来我才知道，是母亲收集了它们并细心地保存了它们。就这样，在母亲的日夜陪伴下，在一次又一次的复查中，一次又一次地减少激素用量，母亲都陪伴我一路走来，从未缺席一次，我的身体也日益恢复，病情逐渐得到控制并好转，我也慢慢过上了正常人的生活，也不知道从何时起，床头的槐花香开始一点一点地散发香味，直到有一天它的香气弥漫了整个房间。

一年很快过去了，我该上学了，母亲在外面租了一间小房间，刚好够我们两个挤在一起睡，自此母亲又陪了我三年，我在学校上课，中午和晚上回来会有可口的饭菜，会有烧好的热水，会有一句“今天怎么样”的问候，不变的是，母亲每年夏天仍然会回老家采摘我最喜欢的槐花，并好好地保存在她那温暖的心尖，每日为我带来一抹清香，萦绕心间。母亲在那一间小小的房间为我忙碌着一切，为我遮风挡雨，与我分享着每次考试的喜怒哀乐，为我付出所有。最幸福的事是偶尔晚上和她的长谈，我们各自分享着，也各自默默快乐着，有一天晚上，我对母亲说：“就让这一切的所有随风飘散，随时间忘记，不再回来。”这三年，我突然觉得它好短好短，突然我就高考了，突然我就上大学了，母亲陪伴我的任务完成了，她让我长大、成熟、坚强，让我能够继续一路走下去……

如果说母亲第一次给我生命是繁衍的使然，那么第二次赋予我生命便是母爱的诠释，母亲用她的青春，用她的生命铸就了我第二次生命。又是一年夏天，老家的槐树又开花了，不同往年，今年的花特别香，开的特别旺，整个村子都香了，今年我想为您亲自采摘一束最好槐花，在清晨亲自送到你的身边，并给你一个深深的拥抱，俯在您的耳旁，轻轻对你说一声：谢谢您，我的母亲！辛苦您的照顾，谢谢您的关怀，感恩您的付出……

希望您和父亲在外一切安好，我只想告诉您们，我现在生活得很好很好很好！

一去三千里

钱安阳

亲爱的奶奶：

近来身体可好啊？是否又在想我呢？天气越来越冷了，您可得把自己裹厚实点，当心着了凉。暑假和国庆我都因故留校，眼瞧着已入了冬，凛冽的寒风在脸上胡乱拍打，我还是没能回去和您见上一面，真抱歉啊，将近一年的光景，不曾见到自己想念的孙子，您会原谅我的自私吗？

在我看来，“这一年”的前头，可以加上“短短的”三个字，因为它实在过得飞快，自打上大学以来，我的生活就被大大小小的事情填得满满当当，四季轮回仿佛就在眨眼间，我知道我这话说得很没有良心，这一年对于您来说，一定是在一遍又一遍的希望与失望中度过的，然而也一定是念想随之更深，期待随之更浓了，如何说也躲不过一个“漫长”，这都是我的错，奶奶，孙子在这里给您道歉了，我想把藏在心底的话都告诉你。

从我记事起，就和你生活在一起。

那么远之前的事了，现在回想起来脑海里像有童话在翩飞。那段岁月里的我和堂弟都还小，父母在外打工，照顾两个孙子的重担落到了你身上，你只是笑笑，一手牵着我，一手牵着弟弟，驮着大包小包，一声不响地扎进了那座昏黄的小村庄，从此，这个你生活了大半辈子的地方，又将见证两个孩童的成长。奶奶，你还记得吗？

或许你记得那条从村庄到学校用碎瓦片铺成的蜿蜒小路，晴日尘土飞扬，雨天脏水四溅。十几年前的这条路上，固定的时间段，总有固定的身影穿行其中，那人送我们上学，接我们放学。踩在那双泛白老布鞋上的她，每天在这条路上走四遍。平时在地里干活时，她提一把锄头在地里刨，锄头挥得老高，山川河流都听见她挖开泥土的声音。接孙子放学时，她手里的锄头换成了竹竿，紧握在手心，用来赶走路上的疯狗，那么老长的竹竿，却还很笔直，像她的腰板一样直，躲在她腰板后的，是两双怯生生泛着光亮的眼睛。奶奶，她是谁?

或许你又记得一方土灶，码整齐的柴，引火的茅草、松毛，灶底的草木灰……但我记得的是炊烟。她会坐在灶前的矮板凳上，擦亮火柴点燃火种，再用火剪小心翼翼地送进柴火中间，细细的烟冒出来，火种起焰了，柴草烧起来，厨房一下就有了烟。伴随几声咳嗽，炊烟从屋顶的烟囱里升腾而出，开始有点儿黑，还很潦草，渐渐变白，后来就成了青烟。我们在外面疯跑，远远看见房子的炊烟升起，知道已经到晌午了。不一会儿，从屋子里走出的老妇，扯开嗓子喊我们的小名，稚嫩的应答声跟随其后，这声音山野都听到，知道这家人该吃饭了。到了家，灶火烧得呼呼响，炒菜味儿、煮饭味儿都随着烟气散出来，香香的，她总是眯缝着眼睛，往我们碗里夹菜，有时是蒸好的馍，这样的场景挥之不去，奶奶，她是谁?

或许你还记得那座火盆，四角粗糙，肚子浑圆。在每个冬天的清晨，她是将火盆点亮的人，她从柴房抱来干燥的柴火，把它们架好，像堆一座塔，她擦亮火柴的样子，好像沉默的魔法师，顷刻间，温和的火焰在火盆中闪耀，为醒来的一家人驱逐困意与寒冷。她手里总握一把火剪，以宣示她对火盆的主导权，奄奄一息的火苗，经她一番看似随意地拨弄，总能旺上几成。她坐的位置，有时是火盆的下风向，升起的烟雾直熏她的眼睛；有时，是正对门扉的地方，进出袭入的寒风直钻她的后颈。火盆里燃烧的是“太阳”，源源不断地为这个小家输送着温暖。她是太阳的执掌者，我们太阳神。奶奶，她是谁?

立于那段岁月的两个孩子，两个留守儿童，你给予了他们那么多的爱，他们感到幸福与满足，他们并不觉得自己需要被同情，因为他们觉得有你在，就很好。那年的庄稼长得好，你比着齐腰的稻子说，啥时候我们能长得比它还高。

那时你腰板笔直，皱纹和白发都少。

后来啊，你的儿子们回来了，两个孙子要被带到城市去和他们一起生活，好哇，你含辛茹苦地将孙子拉扯大，现在，他们却又要从你手中“夺走”了，你大手一挥说：去吧！于是，儿孙们坐着轰隆隆的汽车沿着村庄的小路溜走了，在你的眼皮子底下溜走了，大家看到你在屋外张望的样子，明知追不上汽车的你还是往前走了好几步，好像我们将你的岁月也一并带走了，好像一下子抽走了脚底所有的温暖，不知道转过身去的你，有没有悄悄地拭泪。你还是选择默默留在乡下喂猪、养鸡、种菜，每年的肉和菜无一例外地出现在儿孙们的餐桌上，那里是他们在城市的家，你虽常去看望他们，但总也待不长，你说，你的根不在这里。

祖父是在我上初中后不久去世的，听到消息的那天，好似晴天霹雳，有生以来，我第一次感触到死亡，曾经以为那么遥远的事物，嗖的一下就出现在我面前，儿时共同陪伴我的两盏灯火，熄灭了一盏，一瞬间，我想到的人是你。家人告诉我，祖父去世时，除了孙辈，所有人都在他身边，包括你。你说，他走得并不孤单。人们说当一个人承受极端痛苦时，情绪上反而不会激动，祖父走后的一段日子里，你出奇的平静，常常呆望一个地方很久，好像与周遭的一切分割开来，夜里辗转反侧，那些吱呀声拼凑成失眠，传入我的耳朵，印象里那个说话大嗓门、喜欢仰着脖子笑的老太太不见了。我不知道，毫无准备地失去一个陪伴自己大半生的人是怎样一番滋味，我明白这种复杂的感受一定无法用语言形容。可是他们都以为你没事，悲伤沉积久了总会爆发，某一天，一件很小的事却突然引起了你的愤怒，你越说越气，一边骂一边哭，甚至干脆坐在了地上，眼泪不住地流，你控诉那些人那些事，他们合在一起叫做命运，你大声质问上天为什么对你不公，让你命苦，似乎要将这辈子的委屈都哭诉出来，我在一旁惊慌失措，我知晓，你的眼泪里，多的是我不知道的故事。“奶奶，给我讲讲你和爷爷的故事吧。”

这以后，你的情绪好了很多，后来我告诉你，我梦见祖父说他在那边过得很好，跟我说叫你注意身体，你笑了，皱纹舒展的样子是“释怀”，其实我撒了一个谎，你可能永远也不会知道。祖母，人的肉身消失，顺带也除去了身体的局限和挂碍，再也无所谓时间和空间的阻隔，人世间那么多悲欢，相逢的人会再相逢。你开始偶尔跟我说起祖父，我知道，你的后半生会不断重复这样的时刻：会突然把某件事念叨给身边的人，就像划燃一根火柴，发光发亮的都是曾经闪耀的日子。你说，你是借祖父的命活着，替他在人间照看我们，我相信你是他的重生，我更高兴看到我所熟悉的你能够回来，我相信我们都是幸运的。

新年的钟声转了一轮又一轮，岁月的车轮又前进了一程，回头看，潮涨潮落淹没了一些过往，已经数不清刺桐花又开了多少个春天了。

你已经不种庄稼了，你的腰弯了，头发白了，你已经老了。

孙子孙女们高你一个头，你平时得仰着看他们。怎么就这么快呢？他们一下子都上了大学，你说如果祖父还在世，一定会觉得欣慰，现在你把他的那份也算上，没人跟你抢，真好啊，你说，我们都长大成人了。我每个星期给你打一次电话，所谈的话题无非是吃的什么、穿几件、晴天还是雨天、什么时候要降温这些烦琐的日常，有时，我能听到你那头的刮风声，有时，你能听到我这边的下雨声，电话两头的两个人，都只是一个点，将他们串联起来的不是电话，而是共鸣的念想，即使是交通如此发达的今天，思念仍然不可复制。电话那头的呼吸，代表那个人在，并不是杳无音信，一字一句传入耳中，扑向心扉，好像下在心头的雪，一片一片地覆盖，温暖两人的严冬。我知道说什么并不重要，重要的是我的声音能够让你安心，我打电话的那一天晚上，一定是你一个礼拜睡的最安稳的一夜，我已经20岁了，你却还把我当个孩子，担心我被骗子骗、被坏人欺负、被人贩子拐走，你吃了一辈子苦，养育两代人，直到现在还在替我担心，其实有时候，真的不想看到你那么操劳。偶尔我会闭上眼睛去想，如果有一天，我真的被卖到偏远的小城，即使承受巨大的困难与苦楚，你肯定也会千山万水地找了去，费尽精力心血，与我在昏黄的油灯影里重逢。

你还是待在那个小村庄，偶尔去城里住住，但总也待不长，即使村子的人都差不多走光了。院落还是原来的院落，我知道，老屋里的空气、空间和灰尘是无法消弭的，那里藏着你的岁月，藏着回忆的包浆，你舍不得，包括那棵栀子花，包括那块青石板，包括那座压水井，院落还是原来的院落，一切都没有变，只是现在唯有你陪着他们了。

现如今你年岁渐长，开始健忘了，几个月前发生的事有时会不记得，也曾问我为什么长久地不打电话，但说起我小时候的事，却滔滔不绝，我觉得你是一本久远的故事书，透过时光的缝隙窥探、记录、诉说，一些故事是你的，然而更多的是我们的。巴枯宁说："我不想成为我，我想成为我们。"我是我们的偏旁，我身上有你的影子，离开了你，我就无所谓我，我无法从"我们"抽身而出，我在这里写下的，就是我心里想说的——这世界从不缺少值得歌颂的事物和爱。在我后来的生命中，一定会一次又一次地想起你，以及那些相同的日子，它们值得珍惜，尽管它们中的一些被你遗忘了，但我记得。此刻我不过是握着鼠标而已，我写下的这些，可能永远不会读给你听，但我知道，如果我用行动去做，你一定可以感受得到，此刻我不过是握着鼠标而已，发声的，是我们。祖母，灯是灯笼的灯，去向不明；我是我们的我，扎根于你。

昨天给你打电话时，你在扎一捆柴，声音浑厚有力，和煦的阳光同时照耀两个不同的地方，整个世界都笼罩在安静中，我珍惜这样的时刻。自从祖父去世后，我一直都很害怕失去你，我想那种感觉一定是伴随着撕裂的，但现在我不去想这些，我想看见你咧开嘴笑，皱纹舒展，我希望你开心，这种安稳对你我都无以复加。

祖母，我离家将近一年，我知道，我不在的这段日子，思念在你心里疯狂生长，像夏天野地的藤本植物，枝蔓横生，根探伸至时间的每一个角落，我想说你是我的岸，日子向上爬着，离阳光总会更近一寸，年关将至，用不了多久就能见到你，请务必保重身体，等我回家！唯愿千里之外的朔风霜雪都不会侵袭你的躯体。勿念！

您的孙子：钱安阳

2021 年 12 月 7 日

封存在时光里的爱

海文蕴

亲爱的外婆：

展信佳！

千思万绪涌入脑海，有好多话想告诉你；千言万语涌至笔下，又不知从何说起，随着年岁的增长，你越来越老，我越走越远，每年陪你的日子越来越少，思念却常常伴着他乡的月飘向远方的你。记得上次接到你的电话，我一阵惊喜，迫不及待地回电话给你。电话那边的你只是有些不好意思地同我寒暄几句，然后说自己不太会用手机，不小心拨错号码了，然后匆忙说了再见。挂了电话的我又是一阵失落，从那天起，我就在心中暗暗发誓，一定要常给你打电话，别叫你忘了远在他乡的外孙。

外婆，今年是我降生到这个世界的第二十年，你也早已年逾古稀。你是我亲爱的外婆，我也是你疼爱的外孙。从前我是你搂在怀里的小娃娃，如今我已高你两个头了，可以轻松将你搂进怀里。记得我小时候是个娇气得离不开人的孩子，所以无时无刻你都把我带在身边。干活的时候，你用一根背带将我背在背上；洗澡的时候，你就在厕所门口放张小板凳，让我坐在那里等你；妈妈去上班了，我哭着闹着不肯，你便在家门前的小坪里抱着我坐下，给我讲故事。

我实在不是个好养的孩子，小时候体弱多病。妈妈告诉我，在我还是婴儿的那一年，我浑身长满了痱子，又痛又痒，到处看医生、求方子都不见好。妈妈没了法子，抱着还没有一岁的我回了你家，你找来了好多艾叶，每日用艾叶煎水给我洗澡。就这样洗了一个多星期后，我的痱子竟然奇迹般地好了。妈妈说那年，你喂养的鸡鸭长得格外好，于是我便有了口福。你隔三岔五地开荤，家中又只有我这一个孩子，于是这荤菜的精华部分大多都进了我的肚子。我的身体渐渐好了，体质也强了不少，这是你的功劳。可你却从来没有索求过什么回报。后来，随着我的表弟们相继出生，你的生活也越发忙碌。你同样无分别地陪伴他们的童年，无怨无悔。你说你无差别地爱你的孙孙们，可在我心中，不知为何，我一直觉得你最爱我。而我很惭愧，因我对你的爱远没有你的那般赤诚无私。

妈妈说你是一个矛盾的人，尤其随着年纪的增长，矛盾性愈发凸显。你坚强而脆弱，好强而又敏感，从不重男轻女可又有些迂腐，渴望陪伴又常常拒绝子女的好意关心。你将优点缺点聚集于一身，妈妈说这也离不开你骨子里的那份韧劲。

你三岁丧父，家中又没有兄长，全靠体弱的母亲与两位待嫁闺中的姐姐撑起了家。在你上小学的年纪，姐姐们嫁人了，家中的重任便落到了你的肩上。与同龄人相比，你的日子更加艰苦。我不敢想象，你这样一个小个子的女孩是怎样在那段苦难的岁月里成长起来的。你说，你五岁起——那个我们可能还要被追着喂饭的年纪，就要帮家中干大大小小的农活了，放着比你高的牛，挑着与你差不多重的担子。你很渴望念书，可小学都没念完就被迫辍学，因为家中没有男丁，所以你常被当作男孩来使。后来，你嫁人了，嫁人后的日子也不轻松。家里很穷很穷，在那个大家都勒紧裤腰带过日子的岁月里，外公家因为成分不好，所以一直被乡邻们看不起。一直以来，外公都是胆小的那一个，在外面逆来顺受，受的气只会往你身上撒。因为贫穷，所以很多被轻视的时候，权益受到了侵犯的外公也不会去争取索要。所以，常常只有你这个小学学历不到的女性挺身而出，才使得这个本来就贫困的家庭不至于雪上加霜。如果说，家中的时运是在哪一年转变的，应该就是家里的孩子都被拉扯大了吧。妈妈考大学那年，第一年落榜了。亲戚朋友们都说女孩子读什么书，早早嫁人好了，还能帮家里减轻一点负担。只有你坚持要让妈妈念书，说妈妈是块读书的料，不能浪费了。终于，第二年妈妈不负众望考上了大学，才有了如今这份体面而稳定的工作。大舅也进了部队，后来退伍成为一名警察。只有没有稳定工作的小舅，你一直觉得对他有所亏欠。那时因为穷，供不起三个孩子上学，小舅便成了牺牲品，早早辍学去做了学徒。可你从不会因为家中孩子条件的好坏而有所偏心，你总是教育孩子们，兄弟姐妹要团结，只有拧成一股绳，家才能兴旺。所以你的孩子一直以来都很齐心，家庭富裕的总会对条件差的能帮助一点是一点。所以，你家过年也格外热闹，围坐在你家的火炉边守岁是我这辈子觉得最幸福的事啊！

妈妈说你是一位伟大的母亲，是世界上最善良同样也最“愚蠢”、最勇敢也最保守的人。她爱你也怕你，敬你也畏你。受到妈妈的深刻影响，我心中也对你打下了这份烙印。

你很逞强，儿女在侧，儿孙绕膝，可你从来都不懂得享福，总害怕麻烦我们。上次回家时，见你脖子上包着一块大纱布，才知道你瞒着大家，一个人去做了手术。想到你一个人躺在手术台上的样子，虽然手术很小，可我的心仍像是被剜去了一般，心疼你啊！你总是把慷慨留给了我们，对于自己却总是吝啬，不让人疼爱你，默默承受所有的痛苦。你很固执，在你面前说话的我们总是得小心翼翼，因为你总是墨守成规地遵守着一切你认为对的东西，维护你作为长辈的权威。在你眼中，你的那些早已过了不惑之年的儿女们还是孩子，他们的一言一行也必须遵守你的规范，否则便是错的。你很保守，总是不善于接受新观点与新思想，对于新时代的一切总是小心翼翼地观望着，总是怀疑孩子们对你的好建议。你童心未泯，对于我们小孩子的一切玩意儿充满好奇。每次去你家你总是拉着我问东问西，问我在学校学习好不好，让我教你跳广播体操，教你跳绳，教你认字。你很脆弱，总是一言不合就哭鼻子，比小孩子还爱哭。你也很“傻”，总是把最好的留给我们，自己用剩下的。记得上次你缠着纱布来我家吃火锅，妈妈才突然想起你是需要忌口的，于是便夹鸡腿给你，可你偏扭扭捏捏推推让让地不要，又把鸡腿夹给了表弟。我又急又气，便凶起你来，我说现在不是饥荒年代，你本来就是吃不了别的才吃鸡腿的，还这么不识好。说着说着，你哭了，哭得委屈。我也哭了，因为心疼你。怎么会有你这么傻的外婆，总是把委屈留给自己呢？

说这么多还是最想对你说声抱歉。暑假第一次陪你去医院，你像一个懵懂无知的孩子。在我满医院找不着你，生怕你丢了的时候，一个转角看见你孤孤单单一个人，站在医院的角落里朝门口张望，小小的，矮矮的，稍不注意就会被人海淹没。我冲上去牵着你的手，你立马转忧为喜，笑着将一张小票递给了我，说你自己已经挂好号了。后来上楼排队，才知道搞了个大乌龙。那哪里是挂号的票，明明是排队的号码。我转身想要怨你这一弄耽误了时间又要重新挂号，你却像一个做错了事的孩子朝我解释着，弄得我哭笑不得。那天陪你检查时，你总缠着医生问东问西，可问的东西又没有到点子上，搞得我很是着急。着急中，我朝你发了脾气，如今想想，觉得甚是后悔。都说家有一老，如有一宝。小时候，你把我当宝贝，从来舍不得骂我，如今的我，更应该加倍疼你。

外婆，如今的我正是冉冉升起的太阳，朝着人生的美好大步迈进着。而你早已饱经了沧桑岁月。我希望未来的每一天，你都不要再累了，按时吃饭睡觉。你的身体健康才是我们最大的宝藏。我希望未来的每一天，你都能幸福安康，把从前没有享受过的福气都补回来，好人是一定会有好报的。我希望你在我身边能一直长长久久的，都说有妈的孩子最幸福，我希望我的妈妈八十岁也能还有妈妈可撒娇，那时候我也年近花甲，我们祖孙三代还能坐在一起晒太阳，谈天说地。

外婆，您是与我血脉紧密相连的人。我向来不会表达，可在未来的日子里，我会尽我所有，向您倾吐我的爱意。

此致，

敬请福安！

您的孙：海文蕴

2021 年 12 月 5 日

致余先生的一封信

徐榕卿

亲爱的余先生：

展信佳，望舒颜。

时值腊月，写下这封信的时候，屋外的冷风瑟瑟。银杏叶子已经黄透了，日落得也很早。这里的气候有些让我难以接受，鼻炎更加严重了。但是，我还是希望您来这里看一眼，散散步也好，晒晒太阳也好。再或者，您来我梦里走一遭也好，时间已经在吞噬我的记忆了，不知道在哪一天，我可能需要看着墙上的照片才能回忆得起来你过去的模样。

思念是最不能制止的东西，我总是无比地怀旧，于是不断地从一个回忆里走向另一个回忆。可是我发现，我已经忘记很多了。我奇奇怪怪的童年时光，一副红褐色的老花镜，每天清晨和老友一起打槌球，送我去幼儿园，遛大黄狗，还有我最不喜欢看的新闻节目。我不敢多想，每一次回忆触及那些底线，眼眶里就是止不住的湿润。

我觉得很不可思议，记忆里您的身体那样好，每天都朝气蓬勃，即使拄着拐杖也要固执地走得很快。您教我写字，然而写的是繁体字，我看不懂。然后我停下笔，去追大黄狗玩。大黄狗这时候还是一只青年狗狗，活泼可爱得不行，任谁也想不到多年后你们一起离开。只是它那时瞧不起小孩子，总是欺负我，然后一头把我撞倒在地板。我摔得哇哇大哭，爬起来找您继续练字。可惜这么多年过去了，我的字迹还是普通，现在想来，当初实在不应该成天摸鱼玩狗。

这么多年过去了，我很是想念您的手艺。虽然我已经记不起那种味道了。印象最深刻的有那加了一堆药材的极苦无比的大骨汤，小时候我身体不好，经常生病，您说不喝完就不准我吃饭。于是每顿饭前一碗苦涩的汤使我心胃俱疲。然而现在我再也尝不到那份特别的滋味了。如果您还在该多好，我想多听您跟我说说话，陪您一起在晚上七点看新闻联播，喝一碗您精心熬制的汤，一起在饭后带大黄狗出门散步。

您怎么就这么突然地离开了呢？都还没来得及看您的孙女长大懂事。怪时光岁月残忍分别至亲之人，所爱之人已远去他方。

自您走后的每一个新年，原先那个温暖的家便少了很多欢乐，年夜饭总是感觉少了一道滋味。我记得有一句老话说：家有一老，如有一宝。您可不就是我们这个大家庭的宝贝。从前您在的时候，我对新年的印象是橘子和红色，还有除夕夜里一声声的爆竹，丰盛的年夜饭，叽叽喳喳吵闹着放烟花的孩子们，以及笑意盈盈呷着茶的您。于是新年的颜色在寒冷的冬夜里愈发温柔。父亲把我举得很高，让我坐在他的肩膀上，他说希望我的小宝贝快快长大。您看着电视机里的春晚节目笑得很开心，老花镜片上有电视机的倒影，那是在我回忆里无数次回放的场景。

大年初一，小孩子们要一早起来给长辈送祝福，所以要起来得很早，我每回都是在睡梦里被母亲抓起来换衣服、梳头发。我记得有一次她往我手里塞了一个橘子，说换好了衣服就可以吃掉它，谁不喜欢在冬天吃甜甜的橘子呢？于是我握着它直到去给你祝贺新年。说祝福词这对我来说是一个苦差事，因为我脸皮薄、嘴巴笨。我总觉得那些美好的祝福不如放在心里，说出来怪让人别扭。然而送完祝福以后会得到很多的利是，屁大点小娃娃因此很喜欢这个烦琐的流程。然后出门玩去，您就捧着那本老式日历用放大镜仔细地瞧着。“囡囡，今天出门要先往……方位走，然后往……”您说走这样的方位会碰到能够带来好运的神仙。我虽然不明白为什么，但仍旧照做，因为听外公的话准没错。

再后来呢，每一年的日历都设计得越来越好看，但此后每一年的日历里都不再有您的影子与嘱托。我的回忆关上了闸门，从此不敢轻易打开，我怕思念如泉水涌出，一发不可收。我从不敢在清明扫墓时哭，只是一个人的时候躲起来泣不成声。我想着，不求什么，只希望不要让我的记忆模糊、回忆变淡。

我的爱意永不会消散，一直一直深埋心底。

想念您的孙女

2021 年 12 月 1 日

千里归鸿，尺素寸心

刘芯

亲爱的阿婆；

你寄来的一箱柿饼我已经收到，一个个浑圆橘红得像被压扁的灯笼，吃进嘴里甜滋滋的，一直甜到心里去。拔掉上面的柿蒂，就像揭开了可以回望故乡的天窗，我看见漳州这座小城，在十二月里仍旧留着秋天不肯放走，树木还在不明四季地葱郁，天晴媚好，不似这里，远隔千里，已一派萧瑟冬景。

上个月收到的粽子也很好吃，长长的箬叶裹着喷香的馅，我知道你对我是从没有吝惜可言的，才让这一个个包得鼓鼓囊囊的粽子在重重叠叠的泡沫箱中横跨山水来到我面前，我一展箬叶，就能品见这折了又折快要溢出来的相思，像滚滚而上的湘江水，总有月光如许，直照见九龙江岸，歌不尽的渔船灯火边。

鸿雁传来，千里咫尺，海天在望，不尽依依。

意思是，我想你啦。我没有你那样的好手艺，只能缓慢铺纸抬笔，用这样一个古老而笨拙的方式，写一段欢欣，寄一纸情思，来填补在别离中湮灭掉的悠悠岁月。

马上就快要新年，归期已定，等到水仙花的清芬溢满全城的时候，我就会抓紧回到你身边。还记得小时候临近年关，你总会往家里搬一箱又一箱的水仙花球，就在阳光下拿着尖刀细细地雕刻着，一刀下去，白色的花球就会绽开层层鳞茎，等到地上落满了厚厚一层杂乱的泥土与花叶，一盆盆姿态艳绝的水仙盆栽就会从平凡的白球中脱骨而出，再过段时日，上面就会缀满白瓣鹅黄蕊的小花朵。“澹墨轻和玉露香，水中仙子素衣裳。”远远瞧着，便让人心生欢喜。

那时候我总爱搬一个小马扎坐在你背后，眯眼晒着阳光，就这样偎着你，听着尖刀来回雕琢的细密声响，觉得日子真是琐碎漫长，胡乱思考着这世上到底有没有神仙，幻想水仙娘娘藏在哪处云雾缭绕的烟波上。若哪天我幸运沾了神迹见到了水仙娘娘，我一定要当面向她好好夸赞一番你的巧手，没有这双手，水仙娘娘可就不知得少了多少件曼妙罗裙、凌波轻纱了哩！

阿婆你总逢人就夸我有着一双能写文章的好手，但你可知在我心里，你的这双早已爬满皱纹长满厚茧的手，于我而言才是这个世界上最灵巧最有魔力的一双手了。

这双手曾在我还不会走路时就推着婴儿车带我看遍春花夏树，在饭桌上握着调羹一勺勺耐心地把我喂饱。在我还记忆混沌、蒙昧不识天地滋味时，这双手就倾注了极大的温柔，不厌其烦地轻抚我发顶，盼我安乐又长生。

这双手也曾在无数个薄雾弥漫的清晨，穿过激起空气中几百粒尘灰的阳光，轻轻拍打着将我唤醒。为我穿衣，给我梳上一头整齐好看的蜈蚣小辫，再牵起我的小手把我送去幼儿园。

这双手为我织过毛衣，在父亲去世时紧紧捂住我的眼睛，在母亲生病时又拥着我不放，在我将行千里去上大学时又偷偷地往我口袋里塞一张张纸币。人生这样百苦繁复，但只一回头，又好似天地间所有的沟壑都能被这双手拦住，从此雨雪纷纷，都有它来抚平一道道沁出骨血的伤痕。

阿婆你的这双手啊，好像永远紧握着与时间斡旋的矛盾，就这样一直穿过斜光朱户，踏平了岁月的河流，将隐匿于大千世界的点滴温暖一针一线地织成锦绣，包裹住我这卑弱的身躯，用四散无言的爱填满我空荡而不知何所皈依的灵魂荒野。

或许水仙娘娘不知道你的这双手巧在哪，可我却是清清楚楚、明明白白地知道着呀。我知道你的手是何等的灵巧温暖，却又不知该如何像小时你牵着我那样，拉着你求时光它走得慢一点，再慢一点呐。我这样笨手拙脚，找不到水仙娘娘在哪，没法为你同她讨一个天大的恩典，更没法劝阻光阴，让它不要这般弹指无情过，空让银丝白霜缠绕你满头华发。

华发啊华发，当我还是小小一个人的时候，我的头发就要比我先一步见识到这世间更多的柔情。它顶着大大一个天地，仰看着槐树阴和你的眼睛。它感受着你的掌心擦过带来的缱绻爱抚，它烙印着你俯身贴近落下的缠绵亲吻。那上面有花香、蓝天和一切非生命的诗意。最最重要的是，它见识过你年轻时无限温柔的神情。

可怎么等我大了，长大到能看见你的发顶时，却只瞧见上面扑落了一层岁月厚厚的尘埃，是熔尽了樱桃与芭蕉的倏忽流光，是我拼命唤不回的昨日青丝。两代人生命的衔接处，竟只剩下这窄窄的台阶了啊！

阿婆呀阿婆，你不要再对着镜子忧愁这满头白发啦。我曾经满世界地寻找有关生命最极致的美丽，却不知最无与伦比的美丽就在你这一根根白发里。我没法拦住韶光，令它不改你青春容貌，却愿意为你别上一枝最鲜艳的海棠花，告诉你时光赋予了多少有关我爱你的荣华。我背井离乡，行至四海，心里却始终怀揣着你给的月亮。

我走不远的啊，你该知道的。我被这深深的思念牵挂着，此端是我，彼端便是你。你再等等我，你且再多沏上几壶茶，再多浇上几次花，我便会从山水的另一头奔你而来。我要在你的膝下，还像婴孩般那样依偎着你，跟你讲这世界是如何的瑰丽奇异；我还要搀着你，去公园池塘边逗鱼赏花看风景，像个大人那样为你遮风挡雨。

我深信“老吾老以及人之老，幼吾幼以及人之幼”的千古圣训，遇见老弱翁媪，总不吝善意。我瞧见他们，便油然而生对生命厚度的敬畏之心，我希望你能时时遇见些及时的关怀，也希望他们能因我这份陌生而微小的善意而略感开怀。积善成德，就让孝心在路过的每一缕清风中涤荡，总能去到想它到达的地方。

天地有情，你给予了我贯穿一生的爱意，又对这生活怀抱着莫大的善心，它定不会辜负于你。虽天常有不测风云，我也曾想，我若为天，该有多好。做山做海做精卫做明月，扮泥荷扮蝼蚁扮朽木扮糖饼，要这世间的每一桩神话都偏心地倾向你。我若为天，定善待你终生。

人生或许疲惫辛劳，十有八九不尽人意，可我，是来让你高兴的啊！

伏惟珍摄，不胜祷企。

刘芯

2021 年 12 月 8 日

我只能呆呆地望着你（组诗）

李邦锋

我只能呆呆地望着你

晚霞散入田野的脸庞

牧夫歌声回荡在田垄上

我只能呆呆地望着你
如歌的春天，你选择离开
静默，等不到的回应
背影在夕阳下越拉越长

我只能呆呆地望着你
嘴里藏着千言万语
一句道别竟如此沉重
喉咙似灌铅一般
懵懂的孩子啊
只能同大山一道留守

我只能呆呆地望着你
回想着你在脑海中残留的模样
朴实又倔强，农村女人的形象
我不敢与你对望
只一眼，便是无限惆怅

我只能呆呆地望着你
不敢再多一分言语
我将我的思念写入文字
浇入门口那颗迟暮的桃树
母亲啊，你说
下个桃花盛开的季节
会回来做我最爱的桃花酿

我只能呆呆地望着你
望着岁月的更迭
望着生命的轮回
望着你的承诺
母亲啊，你是否也在远方凝望？

爷爷的锄头

爷爷的锄头落了灰了
它的脸深深地贴着地面
身子寂寞地靠在墙边
它爱这黄土地，却无法靠近

阳光照到的远方
是整齐的田地
推土机、挖掘机在欢快地轰鸣
爷爷的锄头落了灰了
它龟缩在墙角
任凭岁月在它身上
割出一道道或深或浅的伤痕

爷爷在时
会时常擦拭他的老伙计
他比我们更清楚锄头内心的秘密

扛着它走上山岗
在田地里锄上几圈
像是在和老友畅谈
又像是在满足自己的愿望

爷爷走了
锄头也落了灰了
躲在漆黑的墙角
唯唯诺诺
不敢发出一点声响
生怕哪天就被丢进垃圾场

我接过了爷爷的锄头
有空便扛着它
出门晒晒太阳
去地里溜达两圈
仿佛爷爷还在一样

乐家坊[1]

流水环抱着村落
晚风轻拂着山岗
阿婆们齐齐坐在了
村口的青石板上
等待着月光女神的传说

老汉抽着旱烟
割稻的妇女还在挥舞着镰刀
麻雀儿叽叽喳喳
叫来了丰收的秋天

夕阳洒落在小溪上
溪底的石头披上了金黄的衣裳
外婆赤着脚
饱经风霜的老手在水里
摸索，游荡
背篓里
一只只肥硕的河蚌

秋天爬满了山坡
枯黄的叶子在山林中纷乱
雨巷里的丁香姑娘
何时来到了乐家坊
惆怅、彷徨

秋在人们耳边细语呢喃
茫茫的深夜，昏黄的灯光
乐家坊啊
你在亘古的岁月中
依旧是那

和蔼可爱的模样

注：①乐家坊，村落名，是笔者外婆的家乡，位于湖南省永州市南部。

当时只道是寻常

罗寻欢

我最亲爱的外婆：

您好吗？

如今天已经凉了，您要多穿一些衣裳，如果缺了您喜欢的红艳衣裳，您和我说一声，我给您寄过去，我是略懂您的喜好的，您说是不是？

不只是我，家人们都说您是和蔼近人中带些严厉的，小时候的我并不明白为什么会这么说，也不知道爸爸妈妈为什么那么怕您，长大后，才知原来您是迫不得已。您生了三个女孩子，其实不止怀了三胎，但让您可惜的是，没有一个孩子是男娃，这也让您在外公家族里二十几年抬不起头来，在那个时候，您骨子里的和蔼近人没有得到太多尊重，家中长辈更瞧不起怀不上男娃的您。您就这样待着、忍着，您说这也是为了三个孩子好，是为了让三个姑娘不挨饿，有娘疼。我想是的，怎么不是呢？妈妈是老大，从小成绩好，但是实在是没钱供她读书，妈妈有孝心，十几岁就跟着村里人去广东打工，听她说，她那个时候年轻能干，省吃俭用，赚来的第一笔钱全给了家人还债。二姨更是厉害，小学都没读完，就跑出去打拼了，她说社会给了她很多苦吃，而外婆您强迫她不要回头，她呀，现在开的店越来越好了，您说她是不是没有辜负您的期望？小姨是家里最小的那一个，她也是最后期盼的“男娃娃”，出人意料吧。但她也是您最宠爱的小女儿，她读书不怎么行，但是那个时候家庭条件好了些，您盼着她多读点书，光宗耀祖，但她叛逆得很，想着出去和姐姐们一样见世面，您拗不过她，只能宠着，您真的是一个好妈妈。严厉的是您不准她们乱来，妈妈听您的话，这辈子老老实实的，从没干过亏心事，小姨也听您的话，为人正直善良，也听您的话嫁到了隔壁村。二姨虽说叛逆得很，但是她很爱您，很爱您，您肯定感觉得到。

您曾是一名乡村教师，您说您也是逼不得已当的。您从小就读书厉害，放牛都会拿书看，全村人都觉得您最有机会考出去，您也是信心在怀的。世事难料，您没能继续读书，而是来到一个更贫穷的村庄教书育人，在这里也认识了外公，经过做媒，你们俩就搭伙了。可是因为超生，您失去了教书的资格，而且外公很大男子主义，不准您出去打工，怕您跑了，您也就拿起了农具，放牛、剁猪草、喂猪、割禾……对于您来说，什么都可以适应的。我一直记着您写着一手的好字，尤其是我的名字，您家的墙上都有写着我的名字的痕迹，工工整整、清秀漂亮，如您本人一样。我依稀记着，您手把手教我写拼音“j”的样子，您是带着笑脸说我怎么这么聪明，一点就会，不过啊婆婆（外婆方言），我明天就忘记了，您会不会打我啊，我真希望您打我一次，毕竟您从未打过我。

我的名字是您取的，因为您喜欢《小李飞刀》里的主角李寻欢，您还开玩笑说，正好，寻找欢乐，一辈子欢欢乐乐，不像您那样苦日子太多了。我是您一手带大的，爸爸妈妈在外打工，没有时间照顾我，听亲戚说，您那时可疼我了，小时候我身体不好，容易发烧，背后长痱子，不能躺在床上睡觉，是您背着我去医院的，是您整晚抱着我睡觉的。有时候您也笑话我，快四岁了还尿床，还不准您去干农活，每天都要吵着去吃酒席领红包，我听着，我知道您说的时候眼角的笑意是在回忆美好，我也在。后来爸爸妈妈回来了，我得回到自己的家，我记着他们是骑摩托车来接我的，您笑着对我说："爸爸妈妈回来了，寻欢要回到自己的家了，以后就是爸爸妈妈的小公主了，要好好听话……"我不愿意，我甚至在摩托车启动的时候还在乱跳，一路上我又哭又叫，吓得路人要报警，有人拐卖儿童。那时候小，您也舍不得，我又被送回到了您这里，我想那个时候我们都是开心的，是吧。

到了该读书的年龄，我也就真正地回到了自己的家里，您叮嘱我得好好读书，好好和父母相处。我说知道了，我其实骗了您，初一的期末考试我作弊了，我不是您说的好孩子，真的不是。几乎每次放假我都会与父母吵架，青春期的我是很不听话的，坏孩子的行为我都有，您又说，至少我的寻欢对婆婆好啊，而且没有逃学，是个好孩子，还会帮婆婆扫地洗碗，看不得婆婆累，每次妈妈说我的行为不好的时候，您都在为我辩护，说我的好话，在您心里，我不是最优秀的，却是您最想保护，最想疼爱的那个，您说是吧。

高中了，我们的见面次数越来越少了，在您的极力帮助下，我和父母的关系缓和了不少，我也就与您疏离了些。我记得，那天晚上您打电话来，我在看电视，我不耐烦地接听，您问我最近过得怎么样的时候，我敷衍着还行，然后您咳嗽着说放假要不要去您那里玩，我知道您想我，但是我拒绝了，理由是补课。然后就是一个月后，妈妈说您去长沙检查身体，再然后大姨他们回来了，您就在沙发上坐着，看着他们，叮嘱他们老房子该刷漆，再拍个全家福……我心思重，我猜您生病了，很严重，他们都瞒着我，我直接问您，您就说，您累了，需要休息了。那个时候，我的天都快塌下来了，我知道您快不行了。我不放心地请了假，就在您身边陪着您，您说不要耽误学习，我骗您说学校早放假了，您一眼就看得出我说的是假话，可您没有拆穿，只是紧紧抓住我的手。您和我说您有两个遗憾，一个就是还没有看见我出嫁，还有就是没有去毛主席的家乡韶山去看看，那个时候我就马上前往韶山，替您去了一回，给您拍照，给您买纪念品，还是对不起，第一个我还没有办法替您实现，可我知道您不怨我，我知道我所有行为您都能原谅我。那个时候您躺着不舒服，就换成我给您捶背，给您扇风，可我还是有遗憾，您想要我和您睡在一张床上，您说您怕，而我听了妈妈的话，怕有传染性，我到您走后都没有满足您这么小的心愿，对不起，真的对不起。看着您躺在床上，呼吸机支撑着您最后微弱的气息，我就这样看着您，我无能为力，真的没有任何办法，也没有勇气留住您，您说您太累了，需要休息。

最后您还是走了。

外公说，他对不起您，不应该让您嫁给他，连累了您一辈子，让您操了一辈子的心。爸爸妈妈们说对不起您，都没能让您享到福。您的兄弟姐妹也说对不起您，到最后还让您为他们的矛盾担心……我对不起您的事多了去了，可有什么用，您走了，再也回不来了。

外公还在你们的瓦房屋住着，守着您的遗照，家人们的日子还在过着，只是大家都刻意少谈起您，怕伤心，您也在天上心疼。我也会突然想起您，想起我小时候您唱的歌，想起我们的笑脸。想着这日子，是不是太苦了些，孟婆有没有给您在汤里多加一些糖。

您走后大家都在说，您在保佑我们，保佑着外公和妈妈的身体渐渐好起来，大姨生意越来越好，小姨一天比一天幸福，也谢谢您保佑着这么不听话的我考上了大学，然后能够在这里给您写下这封信，我知道您收不到，但我期盼着您能够多到我梦里来，我只想看看您，哪怕背影也好。

婆婆，我的文采还是不好，但是我会尽力去写好这封信。我有时候还在怨天尤人，抱怨命运不公，我如何努力都比不上人家，想到您说，当时只道是寻常。您走后，我学会自己安慰自己，学会体谅父母，学会开心，也慢慢知道您为何要善待他人，为什么要给我取名——寻欢。

而您，只是什么都不说。

而我，都知道。

您的外孙女：罗寻欢

2021 年 11 月 29 日

致锦

王雅乐

亲爱的锦：

展信佳！

冬至已至，寒意来袭。刮在耳边刺人的寒风，时常让我想起二十五年前的你身上那件大红色的呢子大衣袖口上的毛球。当你作为新娘新奇地踩在小木屋做的新房，用土砌成的地板上的时候，我或许仍旧在宇宙中伙同各种各样的物质遨游。

锦，去年的冬天也是如同现在一样的冷，但是等到你生日的时候，天气就会放晴。我想我应该在这个风和日丽的天气里留下点什么。于是我踏上了回家的大巴车，在车上我向你道生日快乐。延迟两小时的回复让我意识到你仍在工作。当你刚开始找到这份工作的时候，你跟我提到过，饭店的工作你很适应。刚上手的第一个月你就拿到了全勤的奖金，数着手中的钱币，你神神秘秘地跟我说，再拿一个月的全勤奖自己就可以凑够一万块钱存进银行里了。

你的生活似乎是从今年开始才真正属于你的。在电话里你跟我说，朝七晚六的日子你过得十分舒心。饭店的工作餐也神奇般地对你的胃口，你还特意早起为自己安排了半个小时的广场舞。我听着很高兴，在脑海中为你构建了一个舒适而又自由的退休生活。你接着说，等你以后在自己的窗台上养满花花草草，那你就完全满足了。那时我很想问你，现在开始不也是最佳时机吗？你的小房子是充满阳光的，每天太阳从洗衣房的窗台上慢慢移到卧室的窗台上，六点回家的你有大把的时间照顾你心心念念了一辈子的花草。你支持我所有的希冀与愿望，但是你自己的愿望却总是推后再推后。“等我退休……等你工作……等……”这些话你也总是在说。所以我不愿去问你，我知道你的答案。于是我只问你今天生日有什么安排，你只提到了弟弟今天从学校回家，昨天晚上为他提前煮好了羊肉火锅，他一定会很喜欢。大巴快到站了，我匆匆结束了聊天。

或许你以为我因为你毫不特别的生日而产生不好的情绪，下车之后我便收到了你说不喜欢过生日的语音消息。我没有回复，把手机放进了大衣口袋，走进了面前的花店。我为你挑了一盆常青花，老板跟我说这盆花会一直开，无论冬夏。回家后跟着弟弟在厨房一阵叮叮咚咚，忙活了两个钟头，也只勉强搞出了三道饭菜：你煮好的羊肉火锅和小炒牛肉、手撕包菜。似乎在我们的记忆里，你就仅仅提到过对牛肉和包菜的中意。当时并没有觉得有什么不妥，但是真正为你置办起来却也只占平日餐桌的二分之一，比起你平时为我们做的餐肴，这三道菜看起来少得可怜。

下午六点半，房门被猛地推开，我听到声音急急忙忙地从厨房跑出来。看见你摘下那顶购买小电动车赠送的红色安全帽，这顶帽子让你看起来像新入职的保安队长。原本我是打算跟你说些什么，但是一见到你就什么也说不出口，只张开双臂向你讨要了一个大大的拥抱。你冲着我们惊呼：“原来惊喜在这！”晚饭后你一刻不停歇，一边收拾着沙发上的袜子，一边要去厨房收拾我和弟弟留下的残局。趁着你去厨房，我们把准备好的小蛋糕插上红黄蓝绿四种颜色的蜡烛，烛光晃得小房间格外温暖。我们把蛋糕小心翼翼地端到你的面前,你高兴得合不拢嘴。

你说你从来没有吹过生日蜡烛的时候,眼睛中噙满了泪水。让我突然想起了那次我们激烈的争吵。也是在这间房里，为着我对你冷冰冰的态度，你冲我说出了“讨厌你，你和你爸都是同一类人”的气话。也是噙满着泪水。你很少像那次一样表达你内心的苦楚，也很少如同这次一样表达自己的脆弱。但你经常哭，就好像你也经常笑一样。你就只是一个人流泪，从来不说原因。只是摆摆手叫我别管你，用“没事”把我打发走。我也只能离开，我知道原因，但我不知道宽慰你的话要从哪里说起。

锦，我觉得我很像你，我知道你会说我本来就应该像你。我像你，使得你内心中所担忧的、苦痛的、压抑的我都懂得；我像你，使得我也不善言辞去宽解你；我像你，使得我的爱也丝毫不逊色于你的爱。我常想如果没有你我会怎么样，我想我的人生一定会是散开来的，就像科学家们说的宇宙中的物质一样，像二十五年前你嫁给我爸时穿的那件大红色呢子衣袖口上的毛球一样，是飘飘然没有归属也得不到呵护的。

为什么要称你为锦呢？大概是我觉得每次唤你“妈妈”的时候，你都是疲惫不堪的。于是我称呼你为锦，像你每年我过生日时对我的祝福一样，希望你接下来把属于自己的人生过得无与伦比的锦丽。

顺颂冬安

你的雅乐

2021 年 12 月 7 日

君自故乡来，应知故乡事

肖婷

亲爱的爷爷、奶奶：

你们还好吗？好久没回去看你们了。昨晚有些失眠，做了一个梦，我梦见我回家了。与以往对家里的印象不同，现在多了些荒凉感，正厅和副厅的门都紧关着，门前的空旷场地也依稀长了几簇野草，连石头都风化成麻白色。

打开已经紧闭了一年多的大门，阳光徐徐从门缝映入，客厅椅子上的灰尘面对久违的阳光似乎也变得光彩夺目。往常，我回到家里时奶奶您总是手里拿着刚洗好的菜，系着那条已经褪色的陈旧的灰蓝色围裙，头上戴着一顶针织帽子站在从棚子回厨房的那段走廊上，厨房的烟囱上空飘着一阵阵灰白色的烟雾，灶上那口大锅里一定还蒸着自家的大米，灶旁还有一碗煮米时候您给我留的已经加好糖的米汤。爷爷，您一定在副厅里戴着您那副一边是您用铁丝缠补好的把的老花眼镜，手里拿着您那把跟随了您几十年的“老伙计”——竹艺刀，佝偻着您略显矮小的身躯，全神贯注地做着您的竹艺活，偶尔我想给您一个惊喜，还会被您从厅里甩出的竹条给砸中……真的很怀念这些日子呀！

在我上幼儿园的时候，你们的爱是每天接送我上下幼儿园和夏天的冰棍、冬天的炒板栗。

记得那个时候，奶奶您每天都来接我回家，我那个时候特别贪吃，老是缠着您给我买零食路上吃，不然就蹲地上不走，您拿我没办法，只能妥协。就这样，夏天吃雪糕，冬天吃板栗，每天在那笔直的小路上，大手牵小手，白发苍苍的老人和旁边扎着两揪小辫子的孩童在夕阳的见证下远走越远，影子越拉越长。

幼儿园毕业了要开始上小学了，这时你们的爱是每天上学前的盒饭和一张面值 2 元的钞票，也是放学贪玩晚归的寻找和挂念。

那个时候呀，还没有后来每天可以吃到的营养餐，我们每个人都需要自己从家里带盒饭去学校，然后学校统一给我们加热。于是每天早上去学校之前，奶奶您都会给我准备好我专属的“铁皮盒子”，里面每天都装着我喜欢的不同的食物，盖子上还贴着一块胶布，上面有爷爷您亲手用毛笔给我写的名字。于是每天吃中饭的时间也成了我最满足的时刻，除此之外，与别的小朋友不同，我每天都有 2 块钱零花钱可以买我想吃的零食，因为这个我还一度成为村里孩子们的“头头”，大家都喜欢和我玩，都羡慕我有疼爱我的爷爷和奶奶。

让我印象最深的一次是在我四年级的一个傍晚，我们学校一般是 4 点半就放学了，但是班上有一些住得远的同学必须在学校外面的广场等最后一辆 6 点半的车才能回家，而且这些人还不在少数，那时候贪玩，加上有这么多同学都在一起热闹，我便把一切都抛在脑后，先玩够了再说。后来车来了，同学们都回家了，就剩我一个人在广场，我才发觉天色已经很暗了，只有几盏路灯依稀亮着，我开始一个人慢慢走回家，可是走着走着出现了一条狗，因为小时候被狗狂追过，我是最害怕狗的，我不敢再继续往前走了。我躲进了马路边一个废弃的榨油厂，在那陈旧不堪的机器旁蹲坐着，想着等那条狗走远了我再回家。夜渐渐深了，风声也沙沙作响，远处的林子偶尔传来几声不知名的鸟叫，我有点害怕，又不敢再往前走了。我开始一个人胡思乱想，想起前几天同学给我讲的鬼故事，想到新闻里播的人贩子，想到前几天村子里消失的那条发疯了的狗，我愈发不敢出去了。我想哭，可是不敢发出声音，生怕什么会找到我。就当我蜷缩着身子，趴在怀里的书包上快要睡着的时候，前面马路边有一丝微弱的晃动着的光在朝我的方向靠近，我知道有人将要从马路上经过，我试图以我看人的眼力判断这个人能不能信任，然后跟着他，想要借着他的光慢慢往回家的方向走，兴许走着走着就能遇见肯定已经在找我的你们。观察了一会儿后，我确定那个人只是经过，没有什么坏心眼儿后我便慢慢出来了，可是当我清晰完整地看清楚这个人是谁之后，一直在我眼眶里打转的眼泪终于在这一刻涌了出来，是的，是奶奶您，您来接我了。我冲上去抱住了您，然后您便牵着我的手，带我回家。这一路上，您没有说一句话，一句都没有，没有接二连三地问我去哪了，也没有对我的任性进行责骂，只是一言不发。情绪慢慢平复下来的我，走在旁边也开始诚惶诚恐，为什么不问我？为什么不骂我？回到家后，您还是没有说我一句不是，只是让我去桥头等一下爷爷，“你爷爷眼睛不好，耳朵也不好使，你去看一下，他去找你了。”说完便回厨房做饭了，我看到爷爷了，他个子不高，佝偻着身子，拿着手电慢慢向桥头的方向走来，因为是晚上，我看到他还特意撑了一根棍子。看到这里我突然觉得内心像针扎一样难受，充满了愧疚和自责，如果不是我的任性、贪玩，已经年近七旬的你们本不用在这样黑的夜里，冒着自己可能也会出现意外的风险出去找我。我赶忙上前去扶爷爷，奶奶您看到我们回来了也过来，说“洗洗手，吃饭了。”听到这句话，我绷不住了，边哭边说“我下次再也不贪玩了，我以后放学一定就回家，再也不会让你们担心了”。后来我再也没有晚归过，因为我再也不想看到年迈的你们为我担心的样子。

慢慢我长大了，要上初中了，你们的爱就变成了星期五火炕里还热乎的烤红薯、锅里还温热的饭菜、一起看电视剧的陪伴和农忙时节共同努力的温馨。

我的初中应该算是半寄宿式生活吧，因为要上早自习和晚自习，而大姑姑家就在学校门口，很近很方便，所以我星期一到星期五都是寄宿在大姑姑家的，只有星期六星期天才回家。因为星期五放学早，我很早就能到家，回到家时，奶奶您经常去后山上砍柴还没回来，但是您知道我每次回来都很饿，老是东翻西翻找吃的，而且知道我喜欢一回到家就看电视，所以每次火炕里都会埋着一个烤红薯，锅里总有我喜欢的饭菜让我边吃边看，客厅的柜子里还有爷爷您每次赶集都会买给我的饼干和水果。说到周末，也是各种电视剧集中播出的黄金时段，而恰好，奶奶您和我都是电视迷，尤其是对于电视剧的热衷程度令人惊叹，可以这么说，我是从小在您身边陪您看电视剧看到大的，别人家小朋友可能在看《喜羊羊与灰太狼》，我可能就在陪您看《新白娘子传奇》，用您的话说“这些小人鬼子有什么好看的！”可能有人会想我会不会因此失去童年看动画片的乐趣，相反，我更喜欢看这些呢！有趣的是，有时您要是手头上忙着其他事错过了剧情，晚上睡觉还要拉着我问我故事发展到哪一步了，后来那个主人公咋样了哩！

还有让我难忘的就是一年一度的摘山茶（方言叫“木子”）的时候，那场面可壮观了，村子里家家户户互相帮忙，今天你帮我们摘，明天我帮你们摘，像你们年纪大了摘不动了就互相帮忙张罗做饭，总之那段时间村子里可热闹了。而我最喜欢的就是木子摘回来在院子里摊开晒裂到一家人推着已经挑拣好的木子籽去榨油的过程了。刚摘回来的木子形状像网球，但壳却硬得很，需要经过太阳的暴晒才能让其开裂露出里边的木子籽，而我最喜欢的便是刚把木子摊开的院子了，像个巨型溜冰场，踩在木子上滑来滑去，可有意思了呢。但我必须偷偷地，不然被爷爷您看见了，又要拿您用了几十年的短烟斗敲我了。因为舍不得这个“巨型溜冰场”，心里有时还希望着木子开裂得慢一点吧。等到木子壳都裂得差不多了我们就会把它们收起来，然后一筐一筐地把里边的木子籽给挑拣出来装袋，这个过程通常要花费二十多天时间，这也是我们一家人聚在一起唠嗑的最集中最美好的时间了。最后就是一袋袋木子籽装车准备榨油了，爷爷您在前边拉着板车，奶奶您在旁边留意着会不会有一袋两袋的木子籽掉下来，而我，在平坦的路面上走时便坐在板车的小角落里，要是上坡了就下来贡献自己的“绵薄之力”，那个时候的日子多简单而质朴啊！

再后来呀，我考上了我们这的重点高中，要去县城上学了。你们的爱就变成了耐心的等待和细心的叮嘱。

高中的艰苦似乎尽人皆知，你们也不例外，还记得去报到第一天中午吃饭的时候，奶奶正在给我夹我最爱吃的韭菜蛋饼，爷爷您突然一本正经地和我说："阿婷，马上上高中了，这书啊，就更深了，要更加发狠考大学啊，大学生多厉害是不是？不能老是像之前一样爱玩了，晓得不？"奶奶您也插话进来："对对对，我看你堂哥读了三年高中人都瘦了，要好好照顾自己，要好好吃饭，冷了要穿衣服……"觉得当时的爷爷奶奶认真得有点可爱，其实我的内心并没有因为即将成为一个高中生和以后即将面临的高考太过紧张，甚至觉得我只是按部就班、循序渐进地升学罢了。但是出乎我的意料，高中的快节奏把我回家的时间硬生生地压榨成了一个月一次，一次就一天，所有对你们的想念都只能在这一个月中一天的时间里得到宽慰。在我上课的日子里，你们在家等我回来看望你们，在我回来的日子里，你们总是担心时间不够用，早早地准备好我喜欢的东西，甚至临行前的叮嘱你们都害怕是不是没有说全面。

日子一天天逝去，你们年纪也越来越大，身体状态也一天不如一天，奶奶您已经住了很多次院了，那段时间是我觉得有生以来我最无助的时刻，那个时候的我没有时间、没有金钱、没有精力，我什么都做不了，甚至去医院探望都是奢望。后来没过多久，奶奶您就永远离开了我，都没有等到我考上大学的那一天。那是一个星期五的下午，班主任突然把我叫到办公室，说我妈妈来电话了，我顿时有种不祥的预感，听到这个消息以后我直奔车站，我不相信，我一定要马上回家。回到家后我看到您安详地躺在冰棺里，我绷不住了，一直叫唤着您，多希望您还能再应我一句……我是最了解奶奶您的，我知道您还不想走，您还想看我考大学，看弟弟考高中，看爸爸妈妈认真顾家立业……

奶奶您去世后，爷爷就只剩一个人了，这也成了我们家一个难题，爷爷怎么办？爷爷一个人生活会一塌糊涂的，爸爸迫于生活要外出务工，妈妈在县城照顾我和弟弟上学，虽然有四个女儿，但是爷爷您不肯去她们家，我知道您始终觉得有儿子为什么要跟女儿，这会被人嘲笑的……后来几个姑姑和爸爸一起商量，结果是大家轮流照顾。我知道您的心思，所以我不同意，我想让爷爷您留下来和我们一起，虽然房子比较小，但是至少和家人在一起，可最后还是不了了之，最后还是爷爷您一个人在老家住，全靠几个姑姑照料。爷爷您一个人在家的日子我可想而知，想吃饭就吃饭，不想吃就不吃，一碗菜可以吃四餐，喜欢喝酒也没人拦着，这样的没营养的日子持续了一年。我偶尔放假回去给爷爷您做几个菜，熬个汤，每次都提醒您不要喝酒，还偷偷把您的酒给藏了起来，您嘴上都应好，可是事实谁知道呢。后来您身体也渐渐弱了下来，我的升学宴结束没几天就突然严重了起来，恰逢开学，您为了不耽误我上学，还让我不要担心，说："我没什么事，就是这几天不舒服，安心去上学，不要耽误上学。"后来开学一个礼拜过后，我刚下课回到宿舍就接到妈妈的电话，听到您离开的消息我的手机瞬间摔落在地上，等我回过神来，就是急忙要买票、要请假，我现在就要走，一路上我的脑海里全是爷爷您之前和我的对话，为什么会这么快，为了让我安心去上学，您真的辛苦了。现在回想起来，我当时做出高考之后回去陪您一个月的决定真的很值得，如果我当时没有这么做，我想我会后悔、自责一辈子。

现在我已经上大学了，弟弟也在很努力地争取考重点高中，爸爸妈妈也在努力生活，一切都在慢慢变好。你们呢？不知道在天堂那边的你们过得好不好。你们知道吗？现在我回忆起以前，感悟真的很多，比如成长就意味着离家越来越远，小学一走是一天，初中一走是一周，高中一走是一月，大学一走是半年，以后工作一走可能是一年或者几年，世界上最近的路是回家的路，最远的路也是回家的路。

好了，就写到这吧，希望你们在那边一切都好！

永远爱你们的孙女

2021 年 12 月 3 日

长大后，我就成了你

钟瑶

亲爱的妈妈：

已入冬月，天气愈发寒冷。寒风时不时地吹乱我的头发，冷雨打在伞上，给我匆匆赶去上课的路途伴奏了一首乐曲。而现在，我在温暖的宿舍里，给你写下这一封美丽的信。

交错的光影来到十七年前的冬天，镜头逐渐由模糊转至清晰——我看到了你，在老家的厨房里忙碌的身影。你往灶台里不断地添着柴火，火苗由小蹿大，烧在大锅里的水冒出蒸腾的热气。

我最初的记忆是从三岁开始，也就是十七年前。自那时起，你在我的印象中就是一个不停忙碌的身影。汗珠一粒粒地爬到你的脸上，你抬手用袖子去擦。后来，在学校里，当老师讲到

“农家妇女”这个词时，我脑海中浮现的是你的模样。

再后来我才知道，年轻时的你也是美丽的。在偶然被我翻出的一张照片中，怀着我的你，在秋日的枫树林里，微微笑着，眼睛弯成两轮月牙儿，嘴角微微上扬，是少女般的面容。左手还轻轻抚着一片刚好伸到你胸前的枫叶，脚下是满地的红黄交错。

你与别的妈妈不一样的一点是你的耳朵听不见声音。你是外公外婆三个孩子中的第二个，却是唯一一个被上天咬了一口的苹果。你出生时耳朵就有问题，听力很弱。外公这么多年来带你走遍了大小医院也治不好，你的听力反而愈加退化，时至今日已完全听不见了。我三岁的时候，就成了你的“耳朵”。每当家里的电话铃响起时，我都会扯扯你的衣角，再指指电话的方向，你立马就明白了。你走过去接电话，通常是外公外婆打来的。你也听不太清楚电话那头讲了些什么，只是在这头不停地说着“我们很好”之类的话。

你一直都爱着我们姐妹俩，总是尽力把最好的东西给我们。小时候，我们家比较贫困。我记得有一次爸爸外出打工，一连十几天都不能回家，自然也没有生活费交到你手上。家中已经有好几天吃不到荤菜了，我哭闹着不肯吃青菜，你便盛了一碗红糖拌饭安慰我的哭闹。

我上小学后，开始不剪头发，把它留得老长老长。我记得你曾在晨光里，一绺一绺地梳着我的头发。然后把头发从中间分出一条白线来，再在左右两边分别编一条长长的麻花辫。有时候，我扭头看到阳光亲吻着你的脸庞，你把我的头扭正，叫我不要动。

勤俭持家的品质总是时时刻刻印在你身上。“男主外，女主内。”你把家里所有的事情都打理得井井有条，客人来了都不免要夸赞你一番。洗衣、做饭、打扫卫生这类事情自然不用说。除此之外，你还培育着园中的蔬菜，到附近的树林中捡拾柴火，爬到半山腰采摘蕨草、清明茶叶和半开的杜鹃花，坐在椅子上给我们姐妹俩织毛衣、打棉鞋……我曾观察过我们家晾衣服的衣架。我发现你总是把新一点的衣架用来挂我们姐妹俩的衣服，而旧一点的甚至磨损得很严重的衣架，你还舍不得丢掉，而是用它们来挂你和爸爸的衣服。

妈妈，你出生在寒冷的冬天，却把我生在了温暖的春天。出生在寒冬的你，从小就吃了不少苦，身体上的苦尤为明显。几乎失去了一个感官的你，一定很渴望听到外界的声音吧。妈妈，你只能通过我嘴唇的蠕动和手势的辅助来理解我说的是什么，但是，我是多么想让你听见我给你唱歌呀！大家都夸我唱歌特别好听呢。如果有一天，你能听见的话，我要给你唱的第一首歌就是《萱草花》：“高高的青山上，萱草花开放，摘一朵送给我，小小的姑娘……”

长大后，我就成了你。我喜欢你“遗传”给我的一切。我喜欢你遗传在我脸上的小雀斑，它让我多了几分可爱；我喜欢你遗传给我的那一份倔强与坚强，它让我有勇气在自己所爱的事情上坚持下去；我喜欢你遗传给我的细致耐心，它让我在为人处事中收获了不少好评。你的勤劳也让我平日很少有懒惰的时候，它让我学会自立自强。你对我的影响，从出生到现在，从现在到将来。

写至此处，我突然想起上个月妹妹发过来的一张照片。照片中的你穿着病号服坐在病床上，脸上满是憔悴。当看到这张照片时，我的内心为之一震，突然醒悟到你已不再是从前那个身强力壮、似乎天塌下来都能扛住的妈妈了。白发悄悄地从你的头上长出，疾病也开始造访你的身体。

你没有读过几年书，没对我讲过什么大道理。但是我想，你这么多年来日常的一言一行就是对我最好的教育。

儿虽不敏，敢不祗承。

长大后，我就成了你。妈妈，你守护了我二十年，现在，换女儿来守护你。

你的女儿：钟瑶

2021 年 11 月 21 日

妈妈的力量

谢周任

在所有的同性关系中，母女关系是一种很复杂的关系，因为它不仅关乎母女，还关乎两位女性、两代人的共同成长，这其中的每一步，深的、浅的、沉重的、轻快的……都是母女一起走过。在我成年后，我逐渐感受到了妈妈在潜移默化中对我的影响，带给我的力量，我很感谢我也是一位女性，可以拥有女性独特的人生经验，正因为如此，我才能更好地理解她，她不仅是我的妈妈，还是与我同行、我最欣赏的一位女性。

伤疤

丙子年的冬日，大雪节气前，那一天正好是妈妈二十四岁的生日。“生你的那年很冷，后来没过多久就下了大雪。”产房里，窗外的背景色从黑夜到了白昼，长达一天的分娩过程，已经令她精疲力竭。

因为难产，最后在医生的建议下，妈妈被推进了手术室，这一天，在她身上留下了人生的第一道疤。

过去，我从未细想过，转变成母亲这一过程的辛苦和可能面对的危险，她也从未和我言明。

小时候，看到这条疤的我问妈妈：“妈妈，你疼不疼啊？”她会告诉我：“看着你平安躺在我旁边就不疼了。”她从未觉得这道十几厘米的伤疤是丑陋的，然而当我看到增生的瘢痕和沉积的黑色素时，我却感到十分的慌乱，那凹凸不平的触感清晰地传递到我的指尖，我才清楚地知道，作为肉身的人，她承受了什么样的痛苦和磨难。

长大后，再次谈及生育之事，妈妈不会像小时候一样只会和我说：“你是上天给我最好的礼物。”而是会和我说起未来。

“你生产的时候，我一定会陪着你，先打止痛，情况不好咱们就赶紧做手术。”这个时候我总会开玩笑地说，您做外婆还早呢，这才到哪儿啊。然而，我心里却明白，随着我长大，妈妈不会再回避谈及这道伤疤带来的痛。疼痛不可怕，未知才是，而妈妈，不会让我置身在这未知之中。

工作

妈妈初中毕业就去工作了。

十几岁的她学过裁缝，赶上了南下打工潮，就背着简单的行囊乘着火车去了沿海，在厦门的厂子里做过女工，后来去珠宝行业做起了销售，在钻石柜台，每年的销冠几乎都是她。

“二十几年前，我和老板一起去深圳进货，那个时候交通哪有现在这么方便，治安也不好。我们进货，都是把那些黄金钻石用塑料袋装好绑腰上，或者买个大西瓜，中间掏空，把货藏里头带回来。”后来她也开过店，从餐饮到建材，所有事情都是亲力亲为，一点点靠自己从头开始学。前年妈妈还去考了育儿证，每周周末去上课，回家后和我坐在书桌的两头，我在复习做题，她就在旁边认真整理课堂上的笔记。最近她还和我说，想和我一起去考驾照。虽然妈妈没有接受过高等教育，但她从未停止过学习，这是她打开和认识世界的一种方式，也是她对待生活的一种态度。

妈妈现在依然在工作，年后招工的时候，她还能收到同行老板挖角的信息，她告诉我：“我很喜欢销售这份工作。”这种保持自我独立，清晰地认识到自己想要什么并付诸行动让我感觉她很有魅力。

妈妈或许从未看过女性主义的书，也不知道社会上热议的“职场女性”，但她的独立、自信和坚韧一直激励着我，她在身体力行中教导我，作为一名女性，不要只图其表，要自爱自强，扬帆做与风雨共存的船。

误会

小时候，我觉得妈妈很少在家，似乎不是一位传统的“好妈妈”，也不是很爱我，这种误会一直横亘在我的青春时期。

初中时，她独自去江西做生意，我成了寄宿生，只能等假期独自坐大巴跨省去见她，所以，那个时候我很羡慕每天都有妈妈陪伴在身边的同学，很久之后我才知道“留守儿童”这个词，但细思后，我又不想承认，因为我只是妈妈没有在身边。

大学毕业后，独自一人在外工作，从不下厨的我开始学着自己做饭，几乎都是一些只能保证材料熟了的黑暗料理，但还是会开心地发朋友圈，随后就接到妈妈忧心忡忡打来的电话：“你是不是过得不好？没有钱和妈妈说。”

未曾想，她说要来看我。那是她第一次坐高铁。约定好了时间我去接她，远远地，就看见她站在出站口，张望着，穿着一身熟悉的针织衫和西装裤，一双不相配却很舒适的运动鞋，背着好多年前我陪她逛街买的黑色双肩包，两只手上提着的都是带给我的吃食。我想到了初中时，她从江西回来，也是这样出现在我教室的门口，只是容貌比现在年轻许多。

成年后的我才明白了，一人在外打拼的妈妈，面对的压力、焦虑和孤单不会比我的小，但她总是一副一切尽在掌握中的样子，她比我想象中的坚强，也比我想象中的更爱我。

理解

不知不觉中，我妈也变得如小时候的我一样“缠人”。

尤其是近两年，她几乎每天晚上和我视频了才会安心去睡觉，临近节假日，总是满怀希望与热忱问我何时归家？说着家长里短的琐碎事情，抱怨着手机软件太复杂了，让我回家教教她怎么用，又说逛淘宝看上了个新鲜物件，问我能不能帮她下单。

我想到了二十六七岁的她，工作忙碌了一天后，拎着玩得不亦乐乎又灰头土脸的我赶回家，细心地用浸湿的毛巾擦着我的小花猫脸，而我叽叽喳喳的，和她分享幼儿园里发生的趣事，说我种的花生结果子了，问她今晚能不能让我看一集《猫和老鼠》。

二十六岁的我一直感觉她还未老，就像她对我的感觉，永远停留在初中时期——高马尾、露额头，不会照顾自己。衣服要穿亮色的，但不能是白色，“白色不耐脏，你自己又不会洗。”冬天的裤子里要穿加绒的秋裤，不管我穿不穿，她每年都会买好放在我衣柜里。

但是时间好像真的将她甩在后头了，社会的快速发展让她“落伍”“过时”，我一点点地教她接触新世界，就像当年的她教我咿呀学语时一样，现在的我开始尝试理解她，这些年她好像渐渐变成了我的孩子，我也在学会如何像过去的她一般，耐心、细致地照顾她。

于我，世间的一部分力量，不在有形可触的事物上，而是在妈妈身上，这道力量，最初通过生育的天然纽带传递给我，而后在时间的长河中，在我身上让渡了她对生命的体验，留下了她的印记，对这些印记之下的她感触有多深，便在多大程度上影响了我自己，循环往复，生生不息。

第三章

结草衔环，寄一叶湘大心笺

遇见

董子钰

在最美的季节，最美的时间，遇见最美的湘大。

我遇见清晨的湘大。清晨的湘大，有早起跑步的人儿，脚步哒哒；也有鸟语婉转，清脆悠悠；还有暖阳初露，霞光簇簇。晨起洗漱，神清气爽，可观灯火未熄，心境怡然；晨起出寝，抬头凝望，复见明月未沉，心感静好；晨起朗读，步履匆匆，听得书声琅琅，觅得学识，心有满足。俗话说：“一年之计在于春，一日之计在于晨。”勤奋的湘大学子肩上洒满了璀璨的晨光，脚踏着霞光大道，一张又一张的机械绘图，一本又一本的指尖留痕，一次又一次的成功实验，一天又一天的晨起背诵，他们于书海中遨游，于图书馆中奋笔疾书，于光明中描绘未来，于努力中成就更好的自己。

我遇见晌午的湘大。当下课铃声响起，便意味着食堂的烟火将冉冉升起，小吃街的斑驳花砖上，将布满轻快的脚步。无论是酷爱美食带来的味蕾爆炸，还是贪恋奶油的甜蜜留香，湘大学子都可以在食堂和小吃街找到适合自己的独特味道，滋滋作响的油泼辣子、晶莹剔透的冰糖葫芦、香味扑鼻的酱香饼……这些都是湘大的独特味道。晌午的湘大，空气中氤氲的除了交杂的美食香味，还有少年人忙里偷闲的幸福、朝气蓬勃的青春气息和偶遇心仪人的甜蜜情愫。

我遇见傍晚的湘大。当夕阳西斜，天色渐晚，有相约跑步者，二田绿茵，灵巧身姿；也有落日霞辉，洒金三拱门；有社团相约者，欢歌笑语，拍摄记录；也有琴湖碧波，波光映余晖。傍晚的湘大，是白昼与黑夜的交接，一天又一天犹如“拆盲盒”的绝美夕阳，一天又一天的云卷云舒，花开花落，少年人的脚步被夕阳包裹，少年人的梦想在光芒中孕育，少年人在夕阳万丈中奔赴远方。

我遇见夜晚的湘大。夜晚的湘大，可谓色香俱全。当脚步逐渐放慢，视觉的盛宴逐渐离去，这时嗅觉便开始悄悄发挥了它的作用，夜晚的湘大，可闻金桂暗香袭面，银杏涩香扑鼻；也可嗅月季芳香四溢，梅花雪中出墙。夜晚的湘大，也是一座“黄金国度”，黄金大道金光璀璨，画眉潭中霓虹闪耀，当然，夜空中最闪耀的，还是湘大学子头顶的星光和那满腔的少年热血。

高大雄伟的三拱门，伫立守望的毛主席铜像，寄托希望的毛主席诗词碑，古今并存的图书馆，清风拂过的琴湖，苏杭风味的画眉潭……这些，都是最美湘大。

树林中传出的阵阵读书声，步履匆匆的上课人，学富五车的教授，热情温暖的宿管阿姨，知心畅谈的二三好友……这些，都是最美湘大。

正如《将行》中所唱：“待来年落花轻问起縠波，湖旁人去何方？”也许终有一天，当手中的学士帽被高高抛起，当熟悉的房门悄然落锁，当泽园的紫藤花又盛开，当眼中热泪盈眶，湘大的少年人将继续背负他的行囊奔向更远的地方，但是终不悔，这一场美好的遇见。

湘大，感谢最美好的遇见，我愿与你，朝暮与年岁并往，然后一道同行至天光。

赴约·识卿·不悔

朱然婷

盛夏初遇卿

“韶峰高,湘水长,人文胜地,科教殿堂……”2021年的盛夏，偶然中我听到了你的名字，好奇心驱使我去探寻有关于你的一切——湘潭大学，位于湖南湘潭，红色魅力令我心生向往。

因为你，曾一度让我迷茫的高三不再乏味，生活中的万事都被赋予了全新的意义，那就是奔向你，与你赴约。高三落幕，在七月一个炽热的午后，满心欢喜的我如愿拥有与你见面的机会，在九月丰收的季节，跨越南北距离的我激动而忐忑地投入你温暖的怀抱。

雨湖幸识卿

热情而温柔，负责且认真，这便是与你初见的第一印象。你像初春融雪的太阳，温暖明媚，又像崖边不倒的青松，坚守岗位。

你是关切的眼眸，是柔软的拥抱，是亲切的问候，是无私的奉献，你是美，是爱。新生入学那一晚的不安，遇到你贴心的照顾便化作一缕轻烟消散。犹记得拖着笨重行李箱的我初入校园，本在纠结自己一个人该怎样安置这些物件，是你戴一顶红帽，着一件红马甲出现在我眼前，热情地帮助我，让我在这陌生的城市也能够感受到温暖。你的温暖，突破了互联网冰冷的屏障，在现实一次次考验中真真切切地传递到我心间。

你是绯红的落日，你是静夜的晚风，是柔软的草芽，是含羞的花苞，你是歌，是诗。可爱如你，不仅热情，更是多才多艺。100 周年献给党的赞歌，悦耳动听；百米书画展你的墨笔飞舞，矫若游龙；文学沙龙你的览闻辩见，才华横溢。漫步校园，湿润的泥土气息扑鼻而来。银杏树的清香迎面吹来，其间不知哪只小鸟一展歌喉，唱着一首奇妙而动听的乐曲。空旷的操场边，褪去了碧绿的衣衫的草芽，换上了黄绿相间的秋装，迎接着秋光的沐浴。操场上，青春活力的学子，呼喊着，追逐那黑白相间的足球，在绿茵茵的塑胶场地上，书写着秋光下跳跃灵动的音符。才气四溢的你，清新雅致的你，这所有的所有，无不令我心醉。这样才兼文雅的你，足以让万物皆动情，山河皆仰目。

你是光辉的荣誉，你是满腔的热血，是无畏的勇士，是红色的精神，你是星，是月。“一定要把湘潭大学办好。”毛主席的一句嘱托，开启了你红色的一生。几十年来的风雨行进，你坦然无畏，步履坚定。翻过浩浩的历史长页，今天再来看我们足下的这片土地，经历了多少风雨沧桑，依然有今天的丰盈富足；积淀了多少文人骚客的足迹，才能有今天浓郁的文化。然而，是什么使这片土地展现在人们面前时更为深沉有力？是你，正是你的存在，你的付出使这片土地更加焕发耀人的光彩。不敢说与日月同辉，却足以明朗一片；你的历史不需要最悠久，你的地域不需要最广阔，因为悠久不代表长存，广阔不代表完满，光辉如你足以为我们带来希望，带来智慧。有你陪伴，才有这只管搏击风浪不畏霜雪，敢于追向太阳勇往直前的我。

同行不悔伴卿

时针滴答划过时空，银杏树抖落一地秋色。不知不觉中，我与你相识，已有近半年之久，对你的了解也在一点一点加深。接下来的四年时光陪伴在你左右，我不悔，刚启程的这段旅途同行有你呵护，我庆幸。人生如逆旅，我亦是行人。在这美好的青春年华，青涩的大学时光，能够遇见你，我何其幸运。早在初闻你美名的那个盛夏，我就在心间暗暗期待这四年的生活，期待我的成长，期待我们共同的进步，更期待你的辉煌。真心地祝福你，我的母校——湘潭大学。

“恰同学少年，风华正茂，挥斥方遒。”人生就是不断地到达驿站和前往下一个驿站的过程。我很幸运，能在湘潭伴你度过这四载春秋。

吾有所爱，其名湘大

杨双凤

亲爱的湘大：

您好！

逝者如斯，淡漠了往事，然而，在湘大经历的种种还清晰如昨。期待在湘大的四载，或是平凡，或是热烈，纵是星星点点，也足以惊艳我的整个青春。诚然，您或许不够响亮，不够华丽，却依旧是吾辈湘大学子心之所爱！

湘大的景很温柔，温柔到给足我充分的时间去思考我想要成为什么样的人。在湘大，熙熙攘攘的人群来来往往，走的每条路必是林荫道。香樟、桂花、紫薇、悬铃木、泡桐等，应有尽有。博学路前画眉潭清风翩翩，早晨望一教窗边玉兰香拂过鼻尖，樟树间钟声回响，伴着南山的月光。华灯初上的时候，如星辰散落，映射出我们明亮的未来。

当然，除了这些，在湘大不得不提的就是它的风。又是九月开学季，此时湘大的风是热情的。从南门出发，南门虽名为南门，实际上是没有门的，所以风可以自由地穿过来，无拘无束。每次拖着厚重的行李，走进校门的那一刻，总觉得新的一学期又开始了，但前途茫茫，尚未可知，此时，一阵凉风袭来，跟来来往往的同学们相视一笑，吹散了炎热和迷茫。走过有回音的三拱门，那里，也有我们与那白色不谋而合的期待。军训十月，湘大的风是坚定的。早上五点起床是为期两周的军训时光的常态，凌晨的风，总带着阵阵凉意，但也教会人如何坚定不移地前行。军训间隙，有人一展歌喉，有人舞姿飘飘，掌声阵阵，欢呼满堂，连风都是欢快的。到了冬天，湘大的风越发寒冷。路上的学生行色匆匆，风只顾催促着我们一路向前。教学楼附近，依旧是人头攒动，谈笑风生，即使是独自一人，也会感受到一股力量，因为每个人的脸上，都像暖阳一般让人感动。很多时候，我们以为风只是催着我们走，殊不知，它也早已告诉了我们答案。我们所走的每一步路都有风，也是它，让我们一步步找到自己的归宿，生活再苦，也能让人觉得甘之如饴。湘大的风吹过的每一处，都一路生花。

湘大的食很可口，可口到给足我充分的精力去追求我所期盼的生活。种类齐全，带有正宗湖南特色的饭菜，湘大是最不缺的。不管是在南苑、金翰林还是雅园食堂，抑或是备受湘大学子青睐的金翰林小吃街、联建小吃街，所有我们想吃的一切美食都有，鸡公煲、烤肉、奶茶，让我们在每一次下课的路上，都不用担心今天要去哪里，因为，哪里都好。即使是在深夜里，食堂或者小吃街，总有一盏灯为我们照亮。在这里，永远不用担心食堂阿姨会“手抖”，永远不用怀疑今天小吃店老板的待客热情会削减，因为每一次，他们都想尽力给我们最暖心的微笑，像太阳一样驱散我们一天的阴霾，让我们每一天都元气满满，健康幸福。

湘大的治学很严谨，严谨到给足我充分的动力去追求我所热爱的事情。课堂考勤不算严格，更有无数的老师，有勇气直接在第一堂课对我们说：“我不考勤，因为考勤的老师没有魅力。我也是上大学过来的，所以我了解大家。”后来我明白，那是因为老师有自信让我们听了一堂课就再也不翘课。每一堂课上，我都能真正地体会到，什么是科学性和趣味性并存、传授性和互动性兼容,每一个老师都会给学生充足的时间去思考。在这里，大家都努力学习。图书馆的自习室永远满座，三教和一教的教室从未空着。即使是走到任何一个不起眼的楼梯间角落，都能聆听到学生的背书声，那时，所有人都会不自觉放慢脚步，完全不忍心破坏这种安静的氛围。身处其中，我随时有一种使命感，期待成为无数优秀的人当中的一个，我必须步履不停，走向远方。

湘大的情很温暖，温暖到给足我充分的力量去好好珍爱每一个瞬间。每天宿管阿姨在群里永不间断的早安、晚安，下雨天细心地将我们的铺盖或者外卖收到寝室里面认真安置，我们在群里反映过的每个问题，她们都认真了解并且给予相应的反馈，我们在宿舍的每一刻都安心。遇到一群好的室友，大家会相互给予温暖，每一个需要有人分享快乐、传递感动、寻求安慰的瞬间，她们都在。偶尔宿舍停电时相邻楼层间的同学们会互相喊话，有重大比赛的时候大家一起尖叫，一起疯狂。让我印象尤为深刻的，还有一条“小路”。从寝室到菜鸟驿站的路上有好大一片灌木林，我们总是得绕好长一大段的弯路，有时不免有些烦恼。没过多久，上面就出现了一条用石板铺出来的路。是的，您总是能时刻细心地关注到我们学生的需求，而这些很小的事情也足以形成我们的“小确幸”。

新冠疫情防控期间，我作为一名留校学子，在“家”过年。学校和各学院积极实施多项措施关心我们的学习和生活情况，学校给每人两百元的慰问红包，并提供大年三十到正月初二共 3 天的免费餐券补助。学院领导及辅导员们，还定期下寝慰问我们。我甚至还经历了人生第一次写对联。门楣两旁“理想灵感天天有，核心文章月月发”的对联一贴，门前“新年快乐”的大红灯笼一挂，年的味道有了。学院老师还及时为大家送来了物资，亲切询问大家的生活状态和学习情况，暖心的慰问，让宿舍暖意融融。是您的关心，让我相信，世界很大，湘大是家。

当我不经意回眸在您这里这些日复一日的平凡日子时，我却惊喜地发现，您给我留下的东西实在太多。羊牯塘的风和晚霞或许在别人看来普普通通，但我们知道它们的温柔和坚韧。我们相信，您既有辉煌的过去，也正以奋斗之姿华丽崛起。您是我们的起点，却绝不是我们的终点，我们将青春放在这里，是为了激励自己更好地前行，冷静、踏实，带着共同的记忆奋发有为。因为我们相信，征程的指向是星辰大海，我们还要去更大的舞台,欣赏更美的风景。世界太大,湘大太小,终有一天，我们会登上群山之巅,高呼“博学笃行,盛德日新”。大雪纷飞，我们也能恣意欢笑，让所有的笑与泪，都掉进湘大的这方土里，滴到深处，开出花来。

吾有所爱，其名湘大。念念不忘，博学笃行回响在耳旁；书声琅琅，永远环绕着红旗飞扬。从时间的缝隙中，我抖出一片星河，挑挑拣拣，拼拼凑凑。看呐，又是一段美好的回忆，一段在湘大的美好回忆。我是湘大人，我为湘大代言！

此致

敬礼！

杨双凤

2021 年 12 月 2 日

湘大的“浪漫”

汤佳琪

湘大的“浪漫”是学生。

为什么说湘大的“浪漫”是学生？来看看图书馆的饮水机旁，那里用纸条贴满了考研加油，一袋袋咖啡挤在小盒子里，感冒灵也跑过来凑热闹；来看看情人节摆在角落里的玫瑰，用一点点的小惊喜让湘大更有爱；来看看路上提着小蛋糕和花束的人儿，脸上洋溢着看到心中人激动和幸福的期待；来看看那些为了比赛和活动熬大夜的选手们，无一不是为了呈现更好的效果而努力……这就是湘大学生的“浪漫”，它或许不起眼，但一点一点微小的光汇聚起来，便成了我们心中久久无法磨灭的阳光。

湘大的“浪漫”是老师。

可能会有人问，老师怎么会有“浪漫”呢？即使有，作为学生的我们如何能够感受到？其实啊，老师的“浪漫”离我们并不远。它会藏在作业里，为了让考研的同学们好好准备考试，他们会将交作业的时间延长，让他们安心考试；它会藏在平时的课堂中，课堂上的他们会默默地通过提问的方式让同学们回忆起曾经刻在我们脑海中的知识点，让我们觉得原来知识之间是有规律可循的；它会藏在老师更新的朋友圈，字里行间体现着老师对我们的赞誉与嘉奖；它会藏在班会课上……很多人觉得，作为学生的我们与老师之间有着不可跨越的鸿沟，我们无法理解老师，老师也无法理解我们，但当我们换个思路，老师的“浪漫”便呼之欲出。

湘大的“浪漫”是湘大自己。

湘潭大学从建立到现在，都牢记毛主席“一定要把湘潭大学办好”的嘱托，在办好学校的这条道路上努力行走，积极创新，从校训到校歌，从三拱门到图书馆，从“双一流”学科的建立到湘大学子的努力，从不断完善基础设施建设到细致关爱学生生活，都透露着独属于湘大的“浪漫”。湘大不是坐落在热闹的大学城中的一员，它不经过繁荣的街道，不拥有人声鼎沸的活动现场，它有的只是处于郊区的宁静与安逸，湘大不争不抢，只是在默默地做着自己应该做的事，努力弥补自己的不足，为厚积薄发做足准备，湘大的风和晚霞在别人看来普普通通，但我们知道它的温柔与坚韧，这就是湘大的“浪漫”。

“浪漫”二字很大，大到无法用语言去给它下一个定义，“浪漫”二字又很小，小到一个面部表情便可略知一二，其实啊，这个词存在于世间就是一种“浪漫”，正因为有了它的存在，才使得世界上一切美好的事情有了语言去形容。

细细数来，这是我在湘大的最后一年了，临近离开，才觉得这个有时候会吐槽的地方拥有着独属于它的“浪漫”，这些“浪漫”最终会变成一点一点的星光，带着我在接下来的道路上走下去，同样我相信，未来的湘大还会发生更多的“浪漫”，希望这些“浪漫”也会成为指引你们的光，带着你们在充满未知的路途中披荆斩棘！

广庭清晓群英荟，最是氤氲湘大情

郜雨佳

陪伴了我三个月的你：

最近还好吗？

冬季，清晨东方的朝霞慢慢晕染开来，好似莫奈的油画，大片的胭脂红铺满了整个淡蓝色画布，温柔的热带橙点缀其间，并伴随着若隐若现的金黄光带。初晨的鸟鸣在静谧的校园里显得格外清新悦耳，清风夹杂着泥土的芳香，与鸟鸣声一并灌入行人的怀中。随着晨读的人潮，踏着倾泻而下的光亮，时光的脚步缓缓后退，远处逸夫楼的轮廓渐渐模糊，记忆的画轴再度展开，一切又回到了那个命中注定的上午……

初识于盛夏，你携着笑容款款走来

“女儿快看，前面就是湘大了！”

我摇下车窗，竭力向前望去，视线恨不得越过长长的车龙，直达你的跟前。

当我拖着大大小小的行李箱，终于来到你面前时，还好，一切都是我梦想中的样子：厚重、端庄、亲切、开放。

南门处迎新的学长学姐耐心地帮助我登记，给我引路，每个人的眼眸中都饱含着热情，每个人的脸上都充满了笑容。他们，是我初次踏入校园时见到的最美的风景。

路过毛主席铜像，我抬头仰望：一代伟人，开国领袖。“掌上千秋史，胸中百万兵。”眼底九州风雨，心怀黎民悲情。“自信人生二百年，会当水击三千里”是他的壮志豪情，“一定要把湘潭大学办好”是他的殷殷嘱托。光芒洒在他的身上，辉映着斑驳的光点。我知道，无论何时，毛爷爷都会这样亲切地笑着，望着远处的青山，爱着他心心念念的人民。

借着学长学姐的指引，我来到了宿舍楼下。这里的每个新生脸上都还挂着未褪尽的青涩稚嫩，一闪一烁的是他们眼眸里期待的亮光。

短暂的整理过后，我认识了将伴我一同度过四年大学时光的舍友，她们来自不同的地方，拥有着不同的故乡文化，但都一样的善良热情，含蓄的笑容里更多的是友善与关心。

谢谢你，湘大！你将这一切的美好如约而至地赐给我，让青涩未褪的我在远离家乡的地方仍可感受到亲人般的关切与温暖；让懵懂的我真切领悟到了大学生活的丰富与多彩；让初出茅庐的我可以在你的庇护下朝着更高处向阳而生。

畅谈于仲秋，你与我共享知识的圣殿

正如汤显祖所言：不尽读天下之书，不能相天下之士。

“书卷多情似故人，晨昏忧乐每相亲”是文科楼走廊里学长学姐的诵读朗朗；“人生在勤，不索何获”是图书馆阶前那一个个背着书包移动的身影；“师友贵隆亲，古学当自反”是课堂上那一双双饱含求知欲的双眸。“大学之道，在明明德，在亲民，在止于至善。”在你的身边，我看到了大学真正该有的浓厚学风；看到了春风化雨般的殷殷师德；看到了莘莘学子的勤勉纯粹，上下求索；看到了人类对更高处真理的不倦追寻。

高山仰止，景行行止。在这短暂的三个月里，图书馆是我与你结下的最深的缘。从《国富论》到《小岛经济学》等专业丛书，再从《伤心咖啡馆之歌》《蝇王》到《动物庄园》《走出非洲》等文学小说，“博学笃行，盛德日新”在每一次的借书打卡中，早已深深镌刻在了我的心上。

仿佛已经成了一种习惯：挑个挂着暖阳的下午，拿上新借来的书籍，选片合适的绿荫，一读便是整个下午。心灵由此得到慰藉，灵魂自然变得通透。在这个你为我创建的秘密花园里，我找到了更宽阔的自己，望见了闪闪发光的未来。

谢谢你，湘大！是你，亲手为我打开了通往新世界的大门，让无知的我不再迷茫；是你，牵着我的手伴我一同度过每一个宁静的午后；仍是你，数十年如一日为一代代学子搭建真理的攀阶……天下快意之事莫若友，快友之事莫若谈，与你相识、相交，实为我最快乐的回忆之一。

展望于暖冬，你与我共书炽热的未来

2021 年是中国共产党成立一百周年。滚滚浪涛，数不尽风流人物，道不尽峥嵘往事。中国共产党的精神谱系历经百年而历久弥新，为中国广大青年传递源源不断的精神动力。

湘潭，是“红色文化的摇篮”，是“红太阳升起的地方”，孕育了伟大领袖毛泽东，诞生了开国元帅彭德怀。而你——湘潭大学，就在这片挥洒炽热、饱含心血的红土地上诞生，这就注定了你的不凡与使命。

“少年心事当拏云，谁念幽寒坐呜呃。”在你身上，我看到了革命党人“铁肩担道义”的韧劲与无双；看到了无数仁人志士“筚路蓝缕，以启山林”的开拓与梦想；还看到一批又一批湘大学子从你的怀抱中走出，用“看试手，补天裂”的豪情在不同的领域内燃烧青春，绽放出了耀眼光芒。

谢谢你，湘大！我是多么地庆幸，在抱有一腔激情的年纪遇到了你，让我可以如愿以偿地携着你的手，在未来的道路上自由奔跑。我同样坚信，无论何时，只要我回头，你一定会在不远处默默守护着我，佑我一生自信慨然，无私炽热。

正午，逸夫楼。

我望向窗外，一树一石一片云，都是你娟丽的容颜，眼前的万物都在你的怀抱中努力生长着，我也并不例外。行笔至此，言语道不尽的是我对你深切的依恋与挚爱，而心中更加坚定的是誓不负你的教诲和期盼。正如你给我唱的那样：

“韶峰高，湘水长。荟萃中西，传承湖湘。兴千秋大业，谱天下华章。通古今，怀忧乐。盛德日新，做国家栋梁，做国家栋梁！”

顺颂冬祺。

学子郜雨佳拜书

2021 年 12 月 6 日

湘大之恋

蒋海文

（一）

时间划开一道长长的口子
在光和影的重叠处
记忆的海涛漫过岁月的长堤
冲刷出卢家滩 27 号[①]
艰辛、疼痛而又幸福的影像

1958 年的春光[②]
穿过羊牯塘偏僻的小道
自东向西一点点斜漏下来

① 卢家滩 27 号，系湘潭大学门牌号。

② 1958 年，指湘潭大学创办时间。

在目光无法触及的地方
有大颗大颗饱满而晶莹的泪水
和着经年的尘埃一起落下
泪水中
一位长者[①]从韶山冲早起的星光中
一路北上
微曲的衣袖细长而飘逸

（二）

在时光的断裂处
在中南海菊香书屋
我隐约听到
一场有关新生命的旷世对话
一次久违的促膝长谈

语言逐渐憔悴
沉寂在我微微颤抖的唇边
至今
我却依然在挖空心思地思考
该以哪种姿势向这位长者致敬

① 长者，指毛主席私塾老师毛禹居先生，时受湘潭人民委托，前往北京向毛主席汇报湘潭大学筹办情况。

（三）

“大学办在哪里？”
“办在杨嘉桥原湘江煤矿”
地道纯正的湘潭口音
将许多颗心熨烫得歪歪斜斜

“禹居兄：
遵嘱写了湘潭大学校名二纸，请转致选用为盼！”
不敢贸然推测
伟人写这段文字时的表情
但可以大胆想象
一定有浓烈的烟草味飘过笔端
飘过遒劲而灵动的笔画

任思绪漫游
“湘潭大学”这四个大字
是不是这位伟人
一生中写得最幸福最动情的汉字？①

（四）

1959 年 5 月②
没有谁去触碰这段疼痛的历史

① 此节指毛主席向毛禹居询问湘潭大学情况，并为湘潭大学题写校名。
② 1959 年，湘潭大学因故停办。

从明亮的高处回到断裂的低谷
那片燃烧着激情与梦想的黄土高坡
沉默而且忧伤

“我家乡的那所大学办得怎么样了？”
依然是浓郁的湘潭口音[1]
15 年的长度
却忧郁了无数双充满期待的眼睛

（五）

“一定要把湘潭大学办好”[2]
一种旷世的声音抖落岁月的尘埃
落在湘大生命的腹地

穿过时间的走廊
我看见一教桂花树最高的枝头
收留着鸟的痕迹
收留着岁月的痕迹

在时间截留的碎片中

① 此处指 1974 年 10 月毛泽东最后一次回湖南，在长沙接见国务院副总理李先念时，询问湘潭大学恢复建设工作。

② “一定要把湘潭大学办好”，是指 1958 年毛主席做出的重要指示。

全国高校 622 名专家学者挥手的姿势[①]
依然楚楚动人
图书馆
莘莘学子朝圣的地方
你将最初的 28 万册图书排列成梯
支撑起三道拱门的
另一种站立

星光交织的夜晚
狗吠声、鸡鸣声穿越田畴
简陋的大板房里沙沙走笔的声音
繁衍着厚重的文化
喂养着饥饿的青春

（六）

六十年筚路蓝缕
六十年弦歌不辍
在秀山树枝纤维的收缩中
一种拔节的声音
澎湃而来

① 此节指 1974 年 11 月，教育部发出《关于请求支援湘潭大学部分师资和图书的通知》，各高校积极响应。1975 至 1978 年，全国各地来信来访要求调该校工作的达 3000 余人次，先后有来自北京大学、清华大学等知名高校的 622 名专家学者前往湘潭大学任教。

当无数台摄像机在这里聚焦
当综合排名一步步动态前移
亭台楼榭淡定着艰辛背后的幸福

有风拂过巍然矗立的铜像
将时间过滤
将最得意的一首七律珍藏
意念中无数次交替闪烁的重逢
是渐次撤退的九月
还是您依旧深情注视的目光？

（七）

时序翻开崭新的一页
2018 年 9 月 6 日[①]
一束希望之光
照进梦想
激荡湘大新一轮的发展春天

“不忘初心，牢记使命，
扎根伟人故里，弘扬优良传统，
坚持立德树人，勇于改革创新，
努力把学校办得更好更有特色”
习近平总书记发令湘大新征程的出征号角

① 2018 年 9 月 6 日，习近平总书记对湘潭大学作出重要批示。

蓄势为新
湘大人以青春的表情
量化自己的喜悦
以奋斗的姿态
凝聚挺进“双一流”行列的磅礴力量

（八）

湘大——我诗歌的心脏
我笨拙的笔
该以怎样的方式向你靠近
曾经
我只读懂过你的荒凉与野性
只读懂过你的娇小与妩媚
当我真正扑入你宽阔的胸怀
再次步入你指纹上时间的跑道
我才真切读懂了你的博大与成熟

（九）

湘大——我诗歌的心脏
我正用体内珍藏的这滴墨水
写下我
绵绵不绝的爱恋

我和我的湘大[1]

曹辉

今天我演讲的题目是——我和我的湘大，一方面是结合了我的新闻从业生涯，另一方面结合了我的母校情结。近些年有一首歌大家都会唱，就是《我和我的祖国》，今年的前一段时间上演了一部电影《我和我的父辈》，此次演讲标题的灵感就来源于此。

今天我从三个方面进行解读："在我眼里，湘大是最美的""在我眼里，湘大是最强的""在我眼里，湘大是最纯的"。

在我眼里，湘大是最美的

第一，美在领袖嘱托的殷殷期盼里。湘大的历史是非常辉煌的，流动着红色的血脉，我一直认为湘大的出身很"高贵"。湘大是由毛主席亲自倡导创办的，1958 年 9 月 10 日毛主席为湘大题写校名，9 月 10 日是我们的校庆之日，也是非常巧合，1985 年的时候，确立了我们国家的教师节，和咱们的校庆日同一天。在全国高校之中，咱们湘大是极少数获得过历届领导人关爱的大学。1958 年毛主席题写校名。1974 年 2 月份，邓小平、李先念、华国锋等中央领导、同志为湘大复校作批示。1978 年，湘大被国务院列为综合性全国重点大学。1998 年 9

---

① 此文系 2021 年 11 月 7 日上午，作者在湘潭大学 2021 年度"十佳学生记者"和"优秀学生记者"表彰大会暨"新闻大家谈"专题讲座上的演讲，有删减。

月 1 日，江泽民同志为湘大题词：办好湘潭大学，为培养和造就高素质人才做出新贡献。2001 年，李鹏同志为湘大题词：团结勤奋求实创新，努力办好湘潭大学。在此之后，温家宝同志为湘大签名赠书。2007 年 10 月，时任校党委书记彭国甫、校长罗和安去北京拜访华国锋同志，华国锋同志为湘大题词：办一流学校，育一流人才。特别是 2018 年 9 月 6 日，习近平总书记为湘潭大学作出重要批示，希望学校扎根伟人故里，弘扬优良传统，坚持立德树人，勇于改革创新，努力把学校办得更好，更有特色。回顾湘潭大学的发展，凝聚着历代党和国家领导人对湘大的殷殷期盼，湘大的美首先是美在这里。

第二，美在百校援建的深情厚谊里。1974 年复校的时候，张平化、李振军、熊清泉等领导将校址选在羊牯塘，当时就是一片荒山野岭。我 1992 年进湘大读书的时候，还有“黄土高坡”的说法，一年刮两次风，一次刮半年。现在满目青山，大家不会有这种感觉了。中央发出援建湘大的号召后，全国几十所大学踊跃响应，从师资和图书这些方面给湘大很大的支持。当时北京大学有两套《钦定古今图书集成》，其中一套赠给了湘大，北大自己那套还有残缺，湘大这套是唯一完整的孤本，也是我们湘大图书馆的镇馆之宝。也正是因为有了这段百校援建的历史，湘大形成了海纳百川的学术氛围。比如像姜书阁、羊春秋、萧艾三位名教授，撑起了湘大古典文学这一块，在湖南省是极其有名望的。还有我们的沧南教授，两次被评为全国优秀教师，为湘大毛泽东思想研究做出了巨大贡献。还有我们湘大原来的人文学院院长张铁夫教授，他是从华中师范大学来支援湘大的，他的夫人曾簇林教授是我的马列文论老师，铁夫老师是研究俄罗斯普希金文学的权威，我跟他一直保持着密切的联系，2008年，我在湖南日报下属的《新闻天地》杂志做副总编辑，策划了一个“湖湘文化人物系列访谈”栏目，我给铁夫老师做了一篇访谈，那年12月24日，我到学校拿着一束花到东坡村去看望他，第二年3月份把这篇访谈刊发，我非常崇拜这样的学术名流。2012年11月16日，铁夫老师去世的时候，我送了一副挽联：扎根湘大，传道授业，卅六年铁胆忠心，君育桃李满天下；航行学海，劈波斩浪，七五载夫复何求，我向苍天哭故人。还有我们数学学院的李寿佛教授，现在人称“佛爷”，当时也是从外校来支援湘大的，李寿佛教授培养了两位中科院的院士——袁亚湘、周向宇，在数学界很有名望。数学院的陈仲沪、陈传淼、傅凯新、朱启定等著名教授都是从外校来支援湘大的，为湘大数学学科发展作出了重要贡献。还有我报道过的李永明教授，他是新加坡华侨，来支援湘大之后对湖南的方言做了一个系统的研究，写了好几本著作，他是客家人，研究湖南方言，克服了困难，取得了重要成果。我们的尹世杰教授，他是中国著名经济学家，是中国消费经济学第一人。还有我们的袁龙蔚教授，中国流变力学之父，在我们湘大新设了这么一个学科。所以我认为这段百校援建的历史，铸就了湘大的高起点、高发展，为什么讲我们湘大能和很多名牌大学一较高下，就是因为我们当年的622位老师，奠定了我们湘潭大学的雄厚基础。

第三，美在筚路蓝缕的创业故事里。我觉得首先最要感谢的是我们的张勇书记。从1977年到1984年这一段时间里，他先后担任校长和校党委书记，他和李振军校长一起奠定了我们湘潭大学的发展基业。当时他对人才是非常爱惜的，现在还流传着张勇书记当年怎么为湘大的发展招贤纳士的故事。当时杨向群还在邵阳的一个工厂工作,他的母校南开大学要招他回去,张勇书记得知这个消息以后，马上跑到邵阳，寻到家里，晓之以理动之以情，将他调来了湘大，日后于 1984 年到 1990 年担任湘潭大学校长。张勇书记当年还登门拜访彭燕郊教授。彭燕郊老师在 50 年代受胡风事件影响，“文革”期间受到打压，后面到了长沙一家工厂里面当工人，但是他的名气非常大，是著名的“七月派”诗人，张勇书记得知这个消息后，到彭燕郊老师家里，把他请到了湘大，奠定了湘大在文科学界的权威。80 年代湘大文科是很有实力的，随着大师的离去，部分人才的流失，我们现在的师资力量跟当年出现了差距。筚路蓝缕的创业故事里面还一个例子是徐泰来教授，他的外号叫“徐洋务”，因为他是专门研究洋务运动的。前几天，我看了一篇他的回忆文章，讲他当年在湘大写这些文章受到的磨难，但正是有了他的研究，使得湘大在这个领域一直处于全国的领先水平。还有当年流传的“中文三老”姜书阁、羊春秋、萧艾，哲学系的三位著名教授沧南、汪澍白、王守昌，他们都是湘大的著名学者，在湘大的学科建设当中起到了示范、引领作用。我们湘大有了这么一批开拓者，以这种筚路蓝缕、以启山林的创业精神引领着湘大的腾飞。后面我们湘大进入了像长征一样的接力赛，1996 年湘大没有入选“211”以后，其实那个时候的士气肯定是有些低迷的。彭国甫同志接任书记以后，提出了我们要走新的长征路，自带干粮进军“211”。这体现出我们湘大的一种精神、一种斗志，卧薪尝胆，永不服输。

第四，美在四季如画的湖光山色里。湖南的天气多变，一天之内可以穿越四季。但是这都不影响湘大的如画风景，我们湘大到处都是美景，如果评选中国十大最美校园，我觉得湘大肯定榜上有名。北京大学代表性的景点被概括为“一塔湖图”，塔指博雅塔，湖是未名湖，图是图书馆。我们也有这样的景点。我是 1992 年进湘大中文系，现在大家看金瀚林、大学里、教师公寓、西湖公寓那些地方就是一片农田。我读书的时候，湘大是 1345 亩，现在已经到了快 3000 亩了，已经翻倍了。

秋天我们经常到农田里面去抓泥鳅，那些日子现在你们可能体验不到了，当时虽然生活有点艰苦，但是觉得很幸福。今天我从南校门下车，先到毛主席铜像那里鞠躬，表达对毛主席的敬意，然后慢慢走到三拱门，我们读书的时候那里还是一个校门，现在已经变成了一个标志性的景点。2017 年，湘大南校门重新改扩建，现在的南校门非常大气，尤其是晚上华灯齐放的时候，那真的像在看电影一样。南校门前面有 60 双各界校友的脚印，里面有我的一双，我感到非常荣幸。所以我觉得湘大美就美在这里，美在四季如画的湖光山色里，你看学校的琴湖、画眉潭、秀山、慧山、泽园、沁园，这些名字听起来多通透多美。湘大有很多路，像北京路、文中路，这些路名都有深刻的寓意。

在我眼里，湘大是最强的

第一，强在她是湖湘文脉的传承者。岳麓书院有副对联：吾道南来，原是濂溪一脉；大江东去，无非湘水余波。湘潭是湖湘文化的发祥地，湖湘学派尊周敦颐为始祖，规模形成于南宋，当时著名学者胡安国与儿子胡寅、胡宏等，创建碧泉书院、文定书堂，积极从事传播理学的工作，开创了湖湘学派，而后他的弟子张栻又去了岳麓书院，所以我一直有个观点，我们湘潭大学是湖湘文化正宗的传承人。2017 年的时候，我写了一份内参，建议湘潭要打“碧泉书院”这个牌子，得到了领导的批示，湘大第二年也设立了碧泉书院，现在全称是碧泉书院·哲学与历史文化学院。我们湘潭大学地处湖湘文化的几何中心，以湘潭大学为圆心，以周围 200 公里为直径，可以囊括近现代湖南籍的百分之八十以上的著名人物，比如长沙的刘少奇、何叔衡、胡耀邦、朱镕基、谢觉哉、李维汉、李富春、萧劲光、许光达、王震、宋任穷、杨开慧、徐特立、田汉，株洲的耿飚、杨得志、李立三，娄底的曾国藩、蔡和森、蔡畅，邵阳的魏源、蔡锷，衡阳的王夫之、彭玉麟、罗荣桓、夏明翰，更不用说湘潭的毛主席、彭德怀、陈赓、谭政、齐白石、黎氏八骏等，有人说中国近现代史就是湖南人的历史。湖湘文化一脉相传，近代以来英才辈出，从王夫之、陶澍、贺长龄、魏源等为代表的中国近代启蒙思想群体，到曾国藩、左宗棠等为代表的湘学中兴群体，再到黄兴、蔡锷、宋教仁等为代表的辛亥革命群体，最后到毛泽东、刘少奇、任弼时等为代表的中国共产党人群体。毛主席一辈子对教育是情有独钟的，他的最高学历就是湖南第一师范的中专生，所以他在接受斯诺采访的时候就说“我就是一个 teacher”。主席对故乡湘潭的教育是非常重视的，1952 年毛禹居请主席为韶山小学题字的时候，主席就表示不一定叫小学，以后还可以办中学、大学。所以我们大家要有自豪感，也要有自信心，今天传承湖湘文化的接力棒已经传到你们这代人手里了，希望大家能够把湘大的优良传统作风一直弘扬下去、传递下去。

第二，强在她是学术研究的高峰地。湘大有很多学科在全国是非常响亮的。刚才讲了消费经济学，消费经济学是我们尹世杰教授、郑必清教授牵头新创立的一个学科，为全国首创。在八十年代，郑必清教授在《人民日报》上看到一篇文章，感觉到消费经济学可以作为一门学科来研究。随后他跟尹世杰教授一起组建了一个团队，在这方面发力，后面出了中国第一本消费经济学的书，主办了中国消费经济学的第一次论坛，创办了消费经济学的第一本杂志，培养了中国消费经济学的第一批硕士，获得了中国消费经济学的第一个最高奖项——孙冶方经济科学奖，奠定了湘潭大学消费经济学包括应用经济学在中国的地位。还有我们流变力学的袁龙蔚教授，他是北大的高材生，但是在湘大铸就了辉煌。我们的数学是很牛的，当年复校的时候就有了这门学科，全国很多的数学家都来支援湘大，比如刚刚提到的陈仲沪、陈传淼、李寿佛这些著名教授，为湘大培养了像袁亚湘、周向宇这样的著名人才，去年我们湘潭大学又获批了湖南省唯一的国家应用数学中心，这是国字号的，全国首批仅 13 个。

第三，强在她是名师荟萃的科教园。大学就是一个知识的殿堂，我们校歌里面写得很好，人文圣地、科教殿堂。湘大复校时期，622 名老师支援湘大，奠定了湘大海纳百川的学术氛围，出了很多的优秀人物，这里有一批大师是很关键的。我们讲一个好大学，光有大楼不行，还要有大师和大气。那时候我们湘大从 622 名老师起家，发展到现在有 1600 多名专职教师，正是这些老师撑起了湘大的一片天。1995 年我在湘大读书的时候，看到从中科院金属所调来的杨奇斌教授觉得很吃惊，如果在七十年代从北京、上海、广州那些地方来建设湘大还可以理解，时隔 20 年以后能够放弃在北京优渥的条件来扎根湘大，就很让人钦佩。杨教授来了湘大以后悉心培养人才，他当年培养的第一个博士生叫刘红荣，现在去了湖南师大，在基于冷冻电镜的病毒三维重构领域取得了系列原创成果，成了他们学校的领军人才。还有我们的欧阳晓平院士，他在 2014 年受聘为湘潭大学材料科学与工程学院院长，极大地提升了我们材料学科的实力，他还利用自己的社会影响力，设立了伟人之托奖助学金，为湘大发展做了相当大的贡献。再比如我们的黄云清教授，他是湘潭大学当年引进的第一个博士，他是我们 1978 级数学专业的，从中科院博士毕业以后毅然回到母校，黄云清书记在数学领域是非常有名的，他现在是中国数学学会的副理事长，2019 年他的学术成果获得了国家自然科学二等奖，这是非常不容易的。还有我们文新院的季水河教授，1993 年调入湘大，潜心研究马列美学，在马列文论这一块写了大量的优秀论文，在全国他也是权威。所以我觉得正是有了这么一批名师才有了湘大如今的地位，我们要懂得感恩老师，心存敬畏。

第四，强在她是英才辈出的“黄埔校”。黄埔军校大家都知道，培养了现代中国一大批军事人才，国共两党里面，周恩来、林彪、徐向前、聂荣臻、叶剑英、陈赓、左权、陈明仁、戴安澜等师生群体，群星璀璨。我们湘大也是人才辈出的黄埔校。我们 1980 级中文系有位师兄，也是一位诗人，叫程兴国，他写过一句名诗：湘大的学子，就像洞庭湖的杨柳，倒插着也能成长。这是对我们湘大的人才培养非常精炼的一个概括、一个总结。湘大 1974 年复校到现在，40 多年时间里已经培养了 30 多万毕业生，里面群星璀璨。如数学计算机界的代表有中国科学院院士袁亚湘、周向宇，中国工程院院士欧进萍，3D 打印之父许小曙，还有许进超、周爱辉、郭莉、曹道民、李锦涛、殷建平等，还有包括北大数学院党委书记胡俊在内的一批名牌大学的数学院书记院长。经济金融界代表有中国人民银行副行长刘桂平、华侨城原来的董事长刘平春、中国平安保险党委书记陈克祥，还有很多上市公司的董事长、总经理都是我们湘大毕业的。教育界我们培养了一大批大学校长，包括原来大连理工大学的校长欧进萍，北京外国语大学的校长彭龙，原来湖南大学的校长、广西大学校长赵跃宇，原来西北大学校长、现在的陕西省副省长方光华，原来湖南师大的党委书记张国骥，还有湘潭大学、湖南科技大学、中南林业科技大学等众多大学的书记校长。人文传媒界的代表有著名学者王鲁湘、新华社副社长严文斌，严社长是大型政论片《大国外交》系列节目的总策划人，2017 年我主动联系他，写了一篇独家新闻《大国外交背后的故事》，差一点获评中国新闻奖。另外就是我们大家都知道的唐湘岳老师，现在是在我们文新院的特聘教授，他是拿中国新闻奖拿到手软的专业户。他塑造了几十个重大典型人物，他作品的特点就是“细节”。另外一个就是原来广州日报社长汤应武，大家想一想，当年中国最牛的报纸曾经的掌门人也是我们湘大校友，足见湘大校友星光璀璨。

在我眼里，湘大是最纯的

第一，纯在远离喧嚣的学术氛围中。我们现在讲区位优势的时候，会觉得湘大地理位置还是有点偏。如果现在大家说有点偏的话，你就无法想象当年有多偏。我来湘大读书，从老家坐车到 320 国道羊牯塘那个口子那里要一上午，再坐 6 路车，经过冷库、蓄电池厂，才到湘大南门，那时候我们到那个隔壁的湘潭师院去看同学基本上也要一上午。但是偏有偏的好，能够让你静下心来读书，所以才造就了湘大浓厚的读书氛围，湘大的学子是能够沉下心扎实做事的，湘大的学风在全国是出了名的。2013 年 2 月 13 号，农历正月初四，那个时候我担任湖南日报要闻部副主任，当时我就在网上看到了一则消息，讲到我们湘大考研的学生用生命占座，因为当时很多考研的学生过年都没回家，正月初四凌晨两点钟跑到一教去占座位，当时那个玻璃门可能也比较老化了，然后学生们推门不小心把玻璃门都打碎了，我在《湖南日报》写了一篇评论，向这些用生命占座的湘大学子致敬。当然，我们并不主张真的要用生命去占座啊，但是这反映我们湘大的学风确实是非常好的。前些年也是网上发的一些照片，就讲我们湘大的学生清早四五点钟就到图书馆排队学习。湘大几十年一直保持着这股好学上进的风气，所以湘大考研的比例那么高，考得那么好，这些在全国的高校里面也是排名比较靠前的。

第二，纯在湘大群模的示范引领中。前天第八届全国道德模范揭晓，湘潭大学有两位校友入选，艾爱国被授予全国敬业奉献模范荣誉称号，黄诗燕被追授为全国敬业奉献模范。自 2007 年首届全国道德模范评选以来，湖南总共有 19 人获选，其中有四位就是我们湘大校友，这是非常不容易的。在湘大的群模现象里面，包括文花枝、杨怀保我都采写过，还有我采写过的一些典型人物，比如扶贫典型龙清秀，我为她写过一篇长篇通讯。还有刘立忠烈士，2015 年在湘潭长城派出所与歹徒搏斗时不幸牺牲，我写了系列报道。在老人倒地你敢不敢扶的问题上，出现了全国见义勇为的先进典型李恒白，我为他写过 13 篇报道。他们都是湘大的。这么一些群体模范人物引领了湘大崇德向善的风尚，湘大的群模现象当时是被光明日报、湖南日报这些媒体广泛传播。还有我们的沧南老师，一直就是我们的道德楷模，98 岁的高龄，一直坚持研究马克思主义，坚持研究毛泽东思想。去年以来,对沧南先生的报道也是很多的。湘大群模起到了一个示范引领作用，带动大家做好事做好人。

第三，纯在淡泊名利的人文情怀中。刚才讲的那个程兴国师兄，他另外还有一句非常出名的话：我不知道天有多高，地有多大，我只知道我的母校是湘大。我们文新院副院长宋德发也有一句名言：母国，只有湘大。这些话都表达了我们湘大学子淡泊名利、久久为功的情怀。湘大的校友我接触了很多，我总感觉我们湘大的校友是最实在的，很多人淡泊名利、无欲无求、不争不抢，在社会上评价很高。还有我们物理与光电工程学院的院长钟建新，是当时湖南著名的“娃娃教授”。还有在人文学界里面极其有名望的刘启良教授，淡泊名利，潜心研究学术。文新院的何云波教授，是中国第一个围棋博士，他也是一位铁杆湘大粉丝，2014 年从中南大学毅然决然地全职返回湘大，我和他聊过，他的这种情怀就是对母校的爱，可以让他放弃优渥的条件回来建设母校。还有旋梯书苑的创办者张雷也是湘大校友，他的一篇文章《野史无文自苍茫》推荐大家去读一读，写得非常好，把湘大的人文情怀写得淋漓尽致。还有一位铁杆校友，在母校发展的过程中立下了汗马功劳，连读博士都要选择回母校，只为每年能够多回几次母校。有一位校友，觉得“铁杆校友”还不足以说明他对母校的爱，现在已经升格为“金杆校友”。毕业 20 多年来，他与母校同频共振，为母校的发展出点子想策划做宣传，无怨无悔，默默付出。羊牯塘的校友们只要在一起，知道你是湘大的，就会特别亲切，感情特别炽热。学校还有像刘建平、王继平、盛新华、颜佳华、王向清、王洁群这样一大批几十年坚守在湘大的建设者，他们淡泊名利，久久为功，都是出于对母校深沉的爱的表达，向他们表示致敬。

第四，纯在家国天下的使命担当中。湘大学子受湖湘文化影响是很深的，特别是我们位于毛主席的家乡，湘大学子天生就有“问苍茫大地谁主沉浮”的精神，与时代同频共振，在任何一个时期都会有湘大学子的身影。比如前段时间吵得沸沸扬扬的航天服事件，表明了我们湘大参与了航天服的研究，在以实际行动践行主席的诗句“可上九天揽月，可下五洋捉鳖”。2009 年，湘大 2002 级学子谢成荫在得知自己参加南极科考后，第一时间跟母校联系，希望把湘大的校旗插到南极，同年 10 月 29 日，湘大校旗飘扬在南极中山站上空。今年 5 月，1993 级校友蒲爱民将湘大的旗帜插上了珠穆朗玛峰顶，湘大的校旗飘扬在南极与珠峰之上，湘大的校歌也飘扬在太空之中。所以我们湘大在中国的关键时刻表现的不是小我而是一种大我的精神，在座的同学要认真思考怎么样将这种精神发扬光大，传承湘大精神是我们这代人的使命！

壬寅初春湘大新赋

赵猛

壬寅初春，万象更新。一流学府，再传佳音。呼朋引伴，觥筹相庆。抚今追昔，涕泪交零。遂歌之以清乐，复颂之以衷情：

近代以降，烽火连营。日出韶峰，圣贤陟临。赫德昭昭，拯万民于水火；功业皇皇，挽九州之将倾。驱贼寇、肃顽敌，靖边陲、友四邻。神州一统，海内升平。经天纬地，固根本以培元；进贤纳士，重教化而钧行。

时维九月，岁在戊戌，伟人倡办，湘大肇始。一纸校名，启黉门之章绪；一句嘱托，承办学之旨趣。杨嘉桥驿，矿址废驰，延为校舍，层林荫翳；一中红楼，是为同侪，旧貌新颜，无可循迹。其时也惟艰，日迁而月移。凡十六载，一度沉寂。

乃俟主席晚年，重归故乡，夙夜在公，惟念学堂。李公先念，躬身拟书；邓公小平，秉笔批注。白璧乃现其光，学府始得重立。名为恢复，以纪伟人之功；实乃新建，共襄盛世之隆。

荒山建校，壮志当酬。点油灯、宿农舍，沐春风、览秋月。筑巢引凤，群贤毕至。教学相长，老少咸集。格物致知，继往圣之绝学；经邦济世，窥宇宙之微端。深耕人文，哲思播于宇内；精研数理，硕果蜚声海外。经百折而不倦，历九死犹未悔。

龙潜深渊，择良时自奋起；凤舞九天，御长风而腾跃。六秩经年，雄心恒在。二十六载，蓄势而发。臻化文明，博纳众采。精进学科，涵育英才。观风云之变幻，自笃行而不怠。

东坡日出，西山云开。南阳花暖，北斗祥来。勠力以赴，流光璀璨。夙愿得偿，气冲霄汉。开湖湘之风雅，载进载驰；赴前路之光明，不息不止。

第四章

雏风清声，印拓出泱泱华夏

以青年之信致以最可爱的人

龚彬

亲爱的党母亲：

您好！

吾辈生于红旗下而长于新中国。今国家欣欣向荣，百姓安居乐业，此诚万千中共党员众志成城使之然也。虽生于盛世，幸有国之温暖怀抱，吾辈仍未敢忘汝建国之艰苦焉。

“石可破也，而不可夺坚；丹可磨也，而不可夺赤。”忆往昔峥嵘岁月，浙江嘉兴南湖上，一只红船于敌方重重围困中求取生存，终不负所托，志以中国共产党正式立之。而汝亦如一耀眼红日升之冉冉乎东方，予未来以光亮与希望也。南昌起义之枪声犹在耳畔，井冈山之星火已成燎原之势。一九三四年十月，以江西瑞金为始，一段二万五千里长征之路于此启航，开天地，创奇迹，播革命之火种，筑信念之强基。然汝背后乃是跨五岭之逶迤，过乌蒙之磅礴，食野草树皮，饮杂汤雪水。至天寒，冰益坚，汝曳甲行于深山巨谷中，足肤皲裂而不知，四肢僵劲犹持之，弗之怠。汝若君子，君子于征，不日不月，不知其期，一心为国，鞠躬尽瘁，死而后已。十四年抗战，艰苦卓绝，三年解放战争，波澜壮阔。终以胜利告天下，从此日月换新天。

百年征程波澜壮阔，百年初心历久弥坚。汝踏星辰而去，携日月而归。看今朝，锦绣江山为余建，幸福小康为余现。优秀党员韦慧晓、祁发宝、张桂梅等，此皆自强，志虑忠纯，于业恪尽职守，于人良实乐观，是以吾等学之勉之榜样也。

陈独秀曾云：“青年如初春，如朝日，如百卉之萌动，如利刃之新发于硎，人生最可宝贵之时期也。青年之于社会，犹新鲜活泼细胞之在人身。”噫吁嚱，先辈以血泪护此盛世，吾等乘时代之新风而至，正值朝气蓬勃之时。且看世间万物，苔花如米小，也学牡丹开，一花尚欲绽其芳华，吾等缘何不务邪？须知节物风光不相待，桑田碧海须臾改。

之于国防，古人云：“苟利国家生死以，岂因祸福避趋之。”或曰：“国家兴亡，匹夫有责。”既知万千革命先驱者以死捍之守之，吾等亦爱之护之，则愈知其来之不易，须宜尽忠于国，从心爱之也。若人人一心向国，则可聚全族之力，共御外敌。观乎世界，和平与发展仍乃时代之主题也。吾等亦应立足国之安全，心系国之大事，且升之敏性于政时，识大局，顾大体，为国防之建献己之余力。

之于民族富强，吾等应胸怀鸿鹄之志。虽愚钝，亦怀有“天生我材必有用，千金散尽还复来”之豪迈自信；虽聪慧，亦有“抟扶摇直上九万里”之坚强勇敢。为学生者，吾等需持之以恒，以学为主，装以扎实之论，强信念，听汝话，跟汝走，不悔青春，不负祖国。

《劝学》中言：“无冥冥之志者，无昭昭之明；无惛惛之事者，无赫赫之功。”忆往昔，百年征程砥砺同心；看今朝，千秋伟业催人奋进。吾等安能置之度外？愿天下之青年不忘初心、牢记使命；愿天下之青年携手共进，勇立时代潮头；愿天下之青年有所作为，面于先者无愧言曰：“山河犹在，国泰民安矣。

这盛世，如汝所愿哉！”

此致

敬礼！

湘潭大学学生：龚彬

2021 年 11 月 28 日

奋斗百年路，英雄永不朽

张帅

敬爱的党和人民英雄们：

你们好！

100 年，可以见证三万六千五百二十五次日升月落；100 年，可以让一个文明古国，重新回到世界舞台的中央；100 年，可以让不可能变为可能，可以让广阔的天空布满航线，还可以让一个党从五十多人到 9100 多万人！峥嵘岁月的 100 年里，没有人永远年轻，但总有人正年轻，你们都是不朽的英雄！

1920 年，你在浙江义乌的一间木屋中蘸着墨水吃着粽子，翻译着共产党宣言。陈望道先生，是你对党建立工作的认真，为党的成立添上一把薪柴。是你用这样的信仰使得无数青年为党的建设、为民族的觉醒、为国家的昌盛献上了青春的年华，共同成就了伟大的中国共产党。百年后的今天，更是有无数人响应着党的领导，为了更美好的明天而战！

1921 年，革命的火种点燃了新的天地，当时，你们还只是平均年龄不到30岁的青年，共同在上海法租界的望志路创立了中国共产党，那是闪亮的指明灯，是中国的新天地，是你们用无数的牺牲换来的火种，一颗燃烧腐朽中国、一颗让五千年文明大国浴火重生的火种！党的创始人们，你们是征程的起点，更是百年来生生不息的火，从这里开始的100年如此艰辛又如此辉煌，正是你们为后辈们指明奋斗的方向。

1949年，在伟大共产党和毛泽东主席的领导下，中华人民共和国成立了。毛主席，新中国的成立，不仅是广大中华同胞的勠力同心，还有您正确的领导方针，带领我们打退法西斯的侵略。还有为了政务废寝忘食的周恩来总理，为国业的振兴和中国的国际地位，您用自己的一生，为我们换来了这繁荣富强的九州大地。

1964年，钱学森老先生，是您用无量之奉献，无量之奋斗，无量之钻研，换来了中国无量之强大，使中国成为拥有核武器的强国，使中国在世界舞台上的国际地位进一步稳固。

1973年，袁爷爷，您用难以计数的试验为中国、为世界带来了杂交水稻，使多少人摆脱了饥饿的死神，让中国“农业大国”的实名再次得到彰显，随着杂交水稻产量的上升，您的年纪也逐渐变大，2021年5月22日，您与我们天各一方，您是民族的英雄，是中国的脊梁，为中国的兴盛疲惫了一辈子，现在您可以安心休息了。

2021年，中国共产党成立一百周年，人们深深地知道，红色政权来之不易，中国特色社会主义来之不易。习近平总书记，现在站到了100年的转折点，现在，是您带领我们走向新的百年，船到中流浪更急，人到半山路更陡，为中国的新征程，我们将积极响应你的领导，怀揣着百年历久弥新的信仰，成就新时代的伟大复兴。

英雄，可以是为国家为民族谋求幸福的伟人，当然，也可以是平平无奇的普通人，脱贫攻坚战场的黄文秀，为了偏远山区的村落走出贫困献上了自己年轻的生命。还有许许多多坚守在自己的岗位默默奉献的人，你们都是英雄，都是中华民族的脊梁！中华青年以你们为榜样，向下一个百年，启程！

张帅

2021 年 12 月 11 日

百年恰是风华正茂，青春正当奋进前行

王佳宜

历史的车轮滚滚向前，时代的脚步铿锵回响，转眼之间，距离中国共产党成立已有一百年。正如习近平总书记所说的，我们党的一百年，是矢志践行初心使命的一百年，是筚路蓝缕奠基立业的一百年，是创造辉煌开辟未来的一百年。诚然，翻开中国共产党的辉煌历史，它记载着革命领袖的丰功伟绩，记载着中国共产党人的英雄壮举，记载着一百年的历史沧桑，风云变幻。在庆祝中国共产党百年华诞之际，回顾党的征程，领略党的精神，续写新的篇章。

初见时，你是南湖游船上升起的耀眼红日，看不见尽头的黑暗从此破开一道光，于迷茫之中，指人以方向。中国共产

党是1921年成立的，我们记得，来自七个地方的五十多个党员代表，在浙江嘉兴南湖的红船上举行了中国共产党第一次全国代表大会，一个伟大的党——中国共产党于1921年诞生了。这无疑是中国历史上开天辟地的大事，从此中国革命的面目焕然一新。

在封建旧制下，人民群众地位卑微、生活困苦、尊严沦丧，中国人民仍然承受着帝国主义、封建主义和官僚资本主义“三座大山”的重压，遭受着“华人与狗不得入内”般的屈辱。中国共产党诞生以来，始终把人民利益放在首位，打败了压在人民头上的各种反动势力，打土豪、分田地、当家做主人，改写了被压迫被奴役的命运，中国人民真正挺直腰杆站了起来。中国共产党带领广大人民群众消灭一切剥削制度，彻底结束旧中国半殖民地半封建社会的历史，彻底结束了旧中国一盘散沙的局面，彻底废除了列强强加给中国的不平等条约和帝国主义在中国的一切特权，实现了中国从几千年封建专制政治向人民民主的伟大飞跃。

再逢时，你是天安门广场上冉冉升起的五星红旗，是毛主席激昂的“中华人民共和国中央人民政府今天成立了！”是亿万万国民的欢呼声呐喊声。1949年新中国的成立，开辟了中国历史的新纪元；中国真正成为独立自主的国家，中国人民从此站起来了，成为国家的主人。壮大了世界和平、民主和社会主义的力量，鼓舞了世界被压迫民族和被压迫人民争取解放的斗争。

但，新中国是在一片废墟之上建立起来的，其时经济瘫痪、社会动荡、人民生活困苦艰难，同时还面临资本主义的封锁和围堵。在内外交困、一贫如洗、举步维艰的严峻形势下，中国共产党带领中国人民展开了伟大的社会主义建设，并审时度势、解放思想、大力推进社会主义现代化建设。这极大地激发了广大人民群众的积极性和创造性，极大地解放和发展了社会生产力，增强了社会发展活力，实现了中国经济的快速恢复和发展。继而，人民生活改善，社会安定有序，民族团结进步，国家繁荣富强，人民群众过上了有里有面、有滋有味的生活，脸上洋溢着幸福的笑容。

而如今，你是那春天的故事响彻大江南北，是那浩浩的风帆布满征途，是实现中华民族伟大复兴的中国梦中浓墨重彩的一笔。1978 年党的十一届三中全会开启了改革开放和社会主义现代化建设新时期，全面地纠正“文化大革命”中及以前的“左”倾错误，重新确立了党的实事求是的思想路线；果断地停止使用“阶级斗争为纲”口号，作出把工作重点转移到社会主义现代化建设上来的战略决策。

在新的历史时期，我国发展过程中面临的世情、国情和党情都发生了新的变化，面对这些新变化新机遇新挑战，以习近平同志为核心党中央创造性地提出了一系列治国理政的新理念新思想新战略。努力实现“两个一百年”奋斗目标，实现中华民族伟大复兴的中国梦，积极推进“五位一体”总体布局，协调推进“四个全面”战略布局，贯彻“创新、协调、绿色、开放、共享”的新发展理念、“一带一路”发展战略，积极落实“三严三实”和“两学一做”学习教育……党中央治国理政的宏伟蓝图正在一步步落到实处、取得实效。中国这个世界上最大的发展中国家在短短三十多年内摆脱贫困并跃升为世界第二大经济体，国际地位和国际影响力显著提高，中国人民的自豪感和自信心不断增强。

众所周知，2020年是不平凡的一年，新型冠状病毒引发的肺炎疫情席卷全球,但中国并没有慌乱。在习近平总书记“疫情就是命令，防控就是责任”的指导、在党中央的领导下，发挥中国特色社会主义制度的独特优势，我们创造了一个又一个的奇迹。涌现了许许多多为抗疫而奉献甚至牺牲的人民英雄，谱写了“生命至上、举国同心、舍生忘死、尊重科学、命运与共”的伟大抗疫精神！

今天的中国，风华正茂；今天的我们，必将为之奋斗。正如梁启超先生在《少年中国说》里面写道：“故今日之责任，不在他人，而全在我少年。少年智则国智，少年富则国富；少年强则国强，少年独立则国独立；少年自由则国自由；少年进步则国进步；少年胜于欧洲，则国胜于欧洲；少年雄于地球，则国雄于地球。”“美哉我少年中国，与天不老！壮哉我中国少年,与国无疆！”作为新时代的新青年,我们承接了前人的事业，进行着今天的奋斗，更要开辟明天的道路，人生数载，青春正当奋进之时。

仰望星空，树立远大理想，扣好人生第一粒扣子。习近平总书记嘱托我们青少年道：“立大志、明大德、成大才、担大任”“青年志存高远，就能激发奋进潜力，青春岁月就不会像无舵之舟漂泊不定。”从古至今，无数的仁人志士，能取得巨大成就，无不是从小树立远大理想，知道自己要的是什么。从诗人杜甫的“会当凌绝顶，一览众山小”，到鲁迅先生的“无穷的远方，无数的人们，都与我有关”，再到周总理的“为中华之崛起而读书”，我们能够深切感受到他们的雄心壮志，而正是这些理想，支撑着他们往后的人生，激励着他们前行。

脚踏实地，为理想而拼搏，要有坚持不懈的恒心和毅力。诗人苏轼曾经说过：“古之立大事者，不惟有超世之才，亦必有坚忍不拔之志。”光有远大理想是不够的，更重要的是为了理想勇敢拼搏，能吃苦，耐得劳。众所周知，越王勾践就是一个典型的例子。越国败在吴国的手下，越王去吴国当差，忍受了奇耻大辱。越王勾践满三年后回到自己的国家，他卧薪尝胆，不忘亡国之耻。终于，越王在公元前 473 年，一举打败了吴国。同样，历史上也存在有超世之才的人，但他们没有坚韧不拔的志气，所以，他们也没有成功。我们要学习前者，避免成为后者。

“忆往昔风雨兼程岁月如歌，看今朝百年华诞风华正茂；火熊熊薪传百代，光灿灿彪炳千秋。”在中国共产党一百周年华诞之际，我要献上我的一片热忱与祝福：愿党永葆先进与纯洁，愿祖国欣欣向荣、繁荣昌盛，愿人民生活富足安康、幸福美满！相信在中国共产党的领导下，一定能实现中华民族伟大复兴，我们的明天也必会更加美好。

百年恰是，风华正茂；百年初心，历久弥坚；百年传承，今日到我。五四火种在心，先辈夙愿在胸，复兴大任在肩！奋斗是青春的底色，行动是最好的传承。我们要珍视平凡的坚守和付出，把小我融入大我，以海一样的胸怀、山一样的崇高去担当做事，以奋斗的心燃烧最热烈的青春，在强国实践中和新时代一同奋进。

忆百年历史，兴巍巍华夏

梁林妍

百年征途漫漫，回看种种艰难。我深爱着这个伟大的祖国，我心里也同样地清楚，清楚我的祖国深爱着生存在这片土地上的每一个人，清楚伟大的祖国的重生离不开一个更加伟大的政党——中国共产党。浪是那海的赤子，海是那浪的依托。

秋已逝，抬头冬伊始，回到百年前的1921年的7月，在浙江嘉兴南湖的一艘小游船上，诞生了如今伟大的中国共产党。遗憾未能出生在当时的年代，只能一次又一次地回顾着一代代革命党人为中华之建设事业抛头颅、洒热血的事迹，体会到在中国一代代领导人的带领下，我们步步稳扎稳打，实现了国防实力步步提升，经济建设节节拔高，社会福利逐步完善。我无比自豪，自豪我参与并见证了第一个百年目标的实现。新征程中我们更要永远把伟大建党精神继承下去、发扬光大！

中国共产党在百年发展历程中由小到大，历经艰辛、不断磨炼。在党和群众在百年之路上始终紧紧联系成为一体，党需要群众的支撑，群众需要党的领导，在鲜红的党旗下，在漫长的征途中，是历史选择了中国共产党，并在党的忠诚带领下，中国人民同心同德，凝聚起了我们中国人的奋进力量。于我而言，党的百年革命故事，是围绕着人民的故事，是在克服困难中践行自己的初心誓言的故事，在全球抗疫的局势下，外部环境日趋复杂，国内各项工作繁重艰巨，可我们的党却在这样的情况下充分展现了它如何全心全意为人民服务，让世界人民看见了中国的团结与统一。

我不敢妄言“读懂中国”之类的话。不过我知道，欲读懂中国，必先知其民族，欲知其民族，须究其精神。从新民主主义革命时期至今，我们中华民族人民在党的一路带领下由奴役走向反抗，我不知道是不是骨子里的那股劲儿，带着我们勇敢向前冲；我们由抗战走向和平，我不知道是不是战争的恶意警示，但是我们做到了统一大业！无数为革命而牺牲的同志，更有无数为社会主义建设献出生命的平凡人，我骄傲无比，我生活在着世界中最壮大的集体里，那种温暖在身心流淌。我承认我们也曾落后，那个时代是刻在老一辈心里的痛，也是钉在我们心尖的历史，可是这历史从未被我们抹去，我的国家在涅槃中重生，我们的党在艰难岁月里璀璨得有希望，有血又有爱，这百年岁月风霜无人不说这也是种幸福。在新的历史任务下，中国共产党党员以他们新的姿态，朝着目标不断追逐，作为和平时代的建设者，中国共产党在历史长河中留下浓墨重彩的一笔！

是党的责任、奉献、荣誉、牺牲，成就了中华民族的复兴！当长街飘满了国旗，当“我和我的祖国，一刻也不能分割”成了全民都不自觉哼唱出的歌曲时，我能真切地感受到我们祖国的昌盛，这是与中国共产党的正确领导，老一辈党员的艰苦奋斗与牺牲，与人民的团结一心分不开的，在党带领下的新中国愈来愈光彩夺目，这不仅仅是为祖国的献礼，为党的献礼，也是为每位中国人的献礼。党的百年华诞，巍巍华夏让世人看到新生的力量！

“勿忘昨天的苦难辉煌，无愧今天的使命担当，不负明天的伟大梦想，以史为鉴、开创未来，埋头苦干、勇毅前行，为实现第二个百年奋斗目标、实现中华民族伟大复兴的中国梦而不懈奋斗。”望，我们不负百年路，不负万民志，纵有千古，横有八荒，生逢盛世，当不负盛世！

不灭的火焰——致敬建党 100 周年

蒋海文

（一）

七月
深入历史沧桑的纹路
在时光的褶皱里
一首荡气回肠而又艰苦卓绝的百年史诗
在我的胸口剧烈起伏

打开诗歌的内核
翻读镰刀与铁锤构建的章节
我用泪光贴近每一个生动的字符
用灵魂触摸每一个澎湃的意象

穿越时空的隧道
生命染红的旗帜浮现血与火的图腾

今夜
我试图梳理一个伟大政党重整山河的艰辛过程
竭力寻找一个民族昂首挺立的时代逻辑
和一个大国崛起的不灭火种

（二）

将七月的阳光铺成长长的水路
南湖的红船
沿着嘉兴的水域犁开集结的水波
驶向我饱满而高涨的情绪
上溯一百年
13 颗赤子之心丈量船的长度与宽度
48 平方米的几何空间
承载着一群人的初心与使命
承载起一个民族灿烂的希望与梦想
校准东方旋转的罗盘
校正历史运行的轨迹
开启一段惊天动地的崭新航程

与历史深情对话
在南昌起义密集的枪声中
我隐约听到
人民军队创建的序幕正徐徐拉开
井冈山

让生命有了伟岸的参照
星星之火
正以燎原之势照亮中国

潜入火焰的色彩
夹金山夜行的火把将长征点燃
半条棉被
一截皮带
一支金色的鱼钩
泸定桥上晃动的 13 根铁链
勾勒出一组丰满的影像
深刻为一种传世的精神

小米步枪
这个抽象而又具体的组合
演绎着抗日救国筚路蓝缕而又山重水复的绝响

从延安出发
西柏坡悬挂的那张行军图
将决胜的目光聚焦
三大战役在 408 封电报中依次打响
和平解放的号角吹响的正义之声
振聋发聩

（三）

走近十月
天安门城楼的二十八门礼炮
唤醒了时间
那些卑微而谦逊的身体
那些平躺了千年的土地
连同一个新鲜而不朽的名字——中华人民共和国
一起站立

日子
在“三大改造”“两弹一星”等丰富的表情中抽丝剥茧
大漠深处升腾的“蘑菇云”
如一朵朵怒放的心花
打湿记忆的眼眶
沉积了几千年文明的中国
向世界自信发声

（四）

向春天挥手致敬
一场春雨敲开改革开放的门窗
一位老人和他的一篇讲话
让世界竖起了拇指
中国
在那个温暖的春天提速

拂去贫穷愁苦的面容
日子不再惊慌失措
乘坐新时代的高铁
开往下一个幸福的春天

日历上那些简单的数字著录成厚重的注脚
神州、蛟龙、北斗、复兴号、墨子号、嫦娥号
“精准扶贫”“抗击疫情”“乡村振兴”
一串串闪光的词汇
劈开星河
闪耀世界

在世界舞台的中央
从一个个泰山之石叠加的方块字中
我看见您与世界亲切交谈
一群飞翔的汉字拥抱和平
展现中国方案中国智慧和中国力量

（五）

七月
沿着不朽的精神坐标回归

时光之外

一颗颗破壳的子弹呼啸而来
一座座无形的丰碑呼啸而来
一首首时代的赞歌呼啸而来
子弹
丰碑
赞歌
飞翔成一段波澜壮阔的历史
飞翔成一个民族不老的情结

初心如炬誓言无声
抵达七月和灵魂的深处
在下一个百年的路口
我以青春奔跑的姿态
与你并肩前行
我用燃烧的生命
接续您
永不熄灭的火焰